Kauderwelsch
Band 238

Ajaldardyn tapotschkalar – Frauenpantoffeln

Impressum

Michael Korotkow
Kirgisisch – Wort für Wort
erschienen im Reise Know-How Verlag Peter Rump GmbH
Osnabrücker Str. 79, D-33649 Bielefeld
info@reise-know-how.de

1. Auflage 2020

Bearbeitung Mahabat Sadyrbek
Layout Christine Schönfeld
Layout-Konzept Günter Pawlak, FaktorZwo! Bielefeld
Umschlag Peter Rump (Titelfoto: Viacheslav Krylov / stock.adobe.com)
Kartographie Thomas Buri
Fotos Michael Korotkow (S. 12, 38, 80, 131); Adobe Stock (stock.adobe.com): Xavier Allard (S. 1), radiokafka (S. 8), bajla (S. 49), byheaven (S. 92), Winfried Rusch (S. 32, 96), Viacheslav Krylov (S. 115), dinozzaver (S. 124), Fanfo (S. 148), Curioso Photography (S. 151), Oliver Foerstner (S.157), Piotr Pawinski (S. 165), Rolf Langohr (S. 180)
Gesamtherstellung Himmer GmbH Druckerei & Verlag, Augsburg

ISBN: 978-3-8317-6551-5
Printed in Germany

Wer im Buchhandel kein Glück hat, bekommt unsere Bücher auch direkt über unseren Internet-Shop:
www.reise-know-how.de

Die Internetseiten mit Aussprachebeispielen und der Zugriff auf diese über QR-Codes sind eine freiwillige, kostenlose Zusatzleistung des Verlages. Der Verlag behält sich vor, die Bereitstellung des Angebotes und die Möglichkeit der Nutzung zeitlich und inhaltlich zu beschränken. Der Verlag übernimmt keine Garantie für das Funktionieren der Seiten und keine Haftung für Schäden, die aus dem Gebrauch der Seiten resultieren. Es besteht ferner kein Anspruch auf eine unbefristete Bereitstellung der Seiten.

Kauderwelsch

Michael Korotkow

Kirgisisch

Wort für Wort

Wir danken Frau Dr. Mahabat Sadyrbek
für zahlreiche wertvolle Hinweise.

Kauderwelsch heißt:

- Schnell mit dem **Sprechen** beginnen, auch wenn nicht immer alles korrekt ist.
- Von der **Grammatik** wird nur das Wichtigste in einfachen Worten erklärt.
- Alle Beispielsätze werden doppelt ins Deutsche übertragen: erst **Wort-für-Wort,** dann in normales Deutsch. Die Wort-für-Wort-Übersetzung hilft, die neue Sprache schneller zu durchschauen, außerdem lassen sich dadurch leichter einzelne Wörter im fremdsprachigen Satz austauschen.
- Es geht um die **Alltagssprache,** also das, was man tatsächlich auf der Straße hört.
- Die **Autoren** sind entweder Reisende, die die Sprache im Land selbst gelernt haben oder Muttersprachler.

Kauderwelsch-Sprachführer sind keine Lehrbücher, aber viel mehr als traditionelle Reisesprachführer. Wer ein wenig Zeit investiert, einige Vokabeln lernt und die Sprache im Land anwendet, wird **Türen öffnen,** ein Lächeln ins Gesicht zaubern und reichere Erfahrungen machen.

Talk to each other!

Kauderwelsch zum Anhören

Einzelne Sätze und Ausdrücke aus diesem Buch können Sie sich **kostenlos anhören.** Diese **Aussprachebeispiele** erreichen Sie über die im Buch abgedruckten QR-Codes oder diese Adresse: www.reise-know-how.de/kauderwelsch/238

Die Aussprachebeispiele im Buch sind Auszüge aus dem umfassenden Tonmaterial, das unter dem Titel **„Kauderwelsch Aussprachetrainer"** separat erhältlich ist: entweder als Download über Onlinehörbuchshops (ISBN 978-3-95852-195-7) oder über unsere Internetseite:

- **www.reise-know-how.de**

Inhalt

9 Vorwort
10 Hinweise zur Benutzung
12 Land & Sprache
13 *Karte von Kirgisistan*
14 Aussprache & Betonung
20 Wörter, die weiterhelfen

Grammatik

22 Hauptwörter (Substantive)
25 Die 6 Fälle und ihre Beugung
31 Dieses und Jenes, Hier und Dort
33 Eigenschaftswörter
36 Steigern und Vergleichen
39 Persönliche Fürwörter
42 Besitzanzeigende Fürwörter
44 Sein und Haben
48 Umstandswörter
50 Verben und Zeiten
60 Modalverben: Wollen, Können, Müssen ...
67 Verhältniswörter
71 Bindewörter
74 Fragen
78 Auffordern und Befehlen
81 Zahlen und Zählen
85 Zeit und Datum
91 Mengen und Maße

Konversation

92 Kurz-Knigge
98 Namen und Anrede

Werden in einem Satz mehrere Wörter angegeben, die man untereinander austauschen kann, steht ein Schrägstrich zwischen diesen:

Bul kötschö / ajant qandajtscha atal-a-t?
diese Straße / Platz wie heißen-GZ-er
Wie heißt diese Straße / dieser Platz?

Mit Hilfe der Wort-für-Wort-Übersetzung können Sie bald eigene Sätze bilden. Sie können die Beispielsätze als Fundus von Satzschablonen und -mustern benutzen, die Sie selbst Ihren Bedürfnissen anpassen. Mit einem kleinen bisschen Kreativität und Mut können Sie sich neue Sätze „zusammenbauen", auch wenn das Ergebnis nicht immer grammatikalisch perfekt ausfällt.

Wörterlisten

Die Wörterlisten am Ende des Buches helfen Ihnen dabei. Sie enthalten einen Grundwortschatz von je ca. 1000 Wörtern Deutsch – Kirgisisch und Kirgisisch – Deutsch, mit denen man schon eine ganze Menge anfangen kann.

Umschlagklappe

Die Umschlagklappe hilft, die wichtigsten Sätze und Formulierungen stets parat zu haben. Aufgeklappt ist der Umschlag eine wesentliche Erleichterung, da nun die gewünschte Satzkonstruktion mit dem entsprechenden Vokabular aus den einzelnen Kapiteln kombiniert werden kann.

Wenn alles nicht mehr weiterhilft, dann ist vielleicht das Kapitel „Nichts verstanden? – Weiterlernen!" der richtige Tipp. Es befindet sich ebenfalls im Umschlag, stets bereit, mit der richtigen Formulierung für z. B. „Ich habe leider nicht verstanden." oder „Wie bitte?" auszuhelfen.

Land und Sprache

Was macht Kirgisistan für Touristen interessant? Orientalische Exotik, schöne Natur, das Volk, das viele Jarhunderte nomadisierte, und jetzt anstrebt, sich der Weltkultur und -zivilisation anzuschließen.

Drei Viertel des Landes sind mit Bergen bedeckt: dem Pamir und dem Tienschan. Es ist ein Paradies für Bergsteiger und Wanderer. In Kirgisistan befindet sich der große, warme und märchenhaft schöne See Ysyq-Köl. Beim See gibt es zahlreiche interessante Städte, Dörfer, Schluchten und Strände.

Die kirgisische Sprache gehört zur Nordwestgruppe der Turksprachen. Die Sprachen dieser Gruppe sind östlich der Türkei und Aserbaidschan, hauptsächlich in der ehemaligen

In Kigisistan ist der Herbst angekommen

Sowjetunion, angesiedelt. Die westlichsten Turkvölker sind die Gagausen in Moldau und die Karaimen in Litauen. Fast alle Turksprachen sind einander so ähnlich wie etwa Deutsch und Niederländisch. So haben z. B. Soldaten der Turknationalitäten zu Zeiten der Sowjetunion eine Art „Turk-Esperanto" erfunden. Diese Sprache war für alle Turkvölker verständlich.

Wenn Sie mit Hilfe dieses Bandes Elemente der kirgisischen Sprache beherrschen, können Sie leicht Elemente anderer Turksprachen erlernen, z. B. Türkisch, Aserbaidschanisch, Usbekisch, Kasachisch, Jakutisch, Uigurisch, Tatarisch, Turkmenisch und Baschkirisch.

Aussprache und Betonung

Das kirgisische Alphabet besteht aus 36 Buchstaben:

Аа, Бб, Вв, Гг, Дд, Ее, Ёё, Жж, Зз, Ии, Йй, Кк, Лл, Мм, Нн, Ңң, Оо, Өө, Пп, Рр, Сс, Тт, Уу, Үү, Фф, Хх, Цц, Чч, Шш, Щщ, ъ, Ыы, ь, Ээ, Юю, Яя

Das kirgisische Alphabet ist völlig russisch, und hat zusätzlich nur 3 Buchstaben, die im Russischen fehlen. Das sind **Ң ң** (klingt wie „ng"), **Ө ө** (wie „ö") und **Ү ү** (wie „ü"). Diese 3 Buchstaben gibt es auch im Kasachischen und im Tatarischen. Die anderen 33 Buchstaben klingen wie im Russischen oder etwas anders. Das bedeutet aber keineswegs, dass diese zwei Sprachen verwandt sind.

Lautschrift und Aussprache

In diesem Buch wird alles durch eine Lautschrift mit deutschen Buchstaben wiedergegeben. Es gibt im Kirgisischen nicht viele Laute, die sich von deutschen sehr unterscheiden oder im Deutschen gänzlich fehlen.

Х	**ch**	die beiden Laute wie in „Bu**ch**" und „i**ch**" (s. u. das Gesetz der Lautharmonie) **chudoshnik** (Maler, Künstler), **chimija** (Chemie)
Ж	**dsh**	„dsch" wie in **Dsch**ungel: **dshaan** (Regen)
Е, Э	**e**	„e" wie in B**e**tt: **eren** (stark)
ЭЭ	**ee**	„ä" wie in B**ä**r (immer lang): **eek** (Kinn)
Г	**gh**	wie „r" in „**R**asen", aber ohne Vibration: **aghyn** (Strom)
Й	**j**	wie „j" in „**J**ahr": **ajghyr** (Hengst)
Ң	**ng**	wie „ng" in „si**ng**en", das „g" wird nicht extra gesprochen: **mangyz** (Sinn)
О	**o**	„o" wie in „S**o**hn", aber kurz: **sol** (links)
ОО	**oo**	langes „o" wie in „S**o**hn": **qoon** (Melone)
К	**q**	wie „k" in „**K**ralle", aber tiefer im Rachen ausgesprochen: **qol** (Hand)
Р	**r**	gerolltes Zungenspitzen-r: **barmaq** (Finger)
С	**s**	stimmloses „s" wie in „Wa**ss**er", auch vor **p** und **t**: **sorpo** (Suppe), **sport** (Sport), **stul** (Stuhl)
Ж	**sh**	stimmhaft wie französisches „j" in „**J**ournal" oder „g" in Gara**g**e (nur in Lehnwörtern): **shurnal** (Zeitschrift)
Ы	**y**	Dieser Laut fehlt im Deutschen. Er klingt etwa wie **ы** im Russischen, „y" im Polnischen, „î" im Rumänischen oder „ı" im Türkischen. Wenn alle diese Laute Ihnen unbekannt sind, sprechen Sie „y" wie „u" ohne Lippenrundung aus. **ysyq** (heiß)
З	**z**	stimmhaftes „s" wie in „**S**onne": **zaarduu** (giftig)

Aussprache und Betonung

Die meisten Selbstlaute können kurz und lang sein, die langen Selbstlaute werden in diesem Buch verdoppelt geschrieben. Davon kann die Bedeutung der Wörter abhängen: sulu (Hafer), aber suluu (schön).

In einigen Wörtern gibt es auch lange Mitlaute, im Deutschen fehlen sie. Bei ihrer Aussprache verharren die Zunge oder die Lippen eine längere Zeit in der Stellung, die für diesen Laut charakteristisch ist. Im kirgisischen Wort albette (natürlich) beispielsweise bleibt die Zunge bedeutend länger in der t-Stellung als im deutschen Wort „Butter", etwa die doppelte Zeit! Man erhält einen ähnlichen Lautklang, wenn in den folgenden zusammengesetzten Wörtern die Fugen besonders deutlich gesprochen werden: „Rüc**kk**ehr, Zo**lll**iste, Schwi**mmm**eister, Re**nnn**ummer, Kla**ppp**ult, We**ttt**urnen" usw. Im kirgisischen Wort tattuu (süß) wird -tt- wie im deutschen Wort We**ttt**urnen ausgesprochen.

Das Wort „Euro" ist in diesem Zusammenhang auch ein schönes Beispiel: E-U-ro, nicht „oiro"!

Im Kirgisischen gibt es keine Diphthonge (Doppellaute). Alle Kombinationen Selbstlaut + Selbstlaut, Selbstlaut + Mitlaut werden getrennt ausgesprochen. Im Wort auditorija klingt au nicht wie in „Auditorium", sondern die Laute werden nacheinander ausgesprochen und nicht zusammengezogen; im Wort aj (Mond) hört man a-j (nicht wie in „Ei"!)

Die Kombinationen „st", „sp" stehen nur selten am Anfang eines Wortes, aber man sollte sich merken, dass sie nicht wie „scht", „schp" ausgesprochen werden. Zum Beispiel: im Wort stadion klingt -st- wie in „Herb**st**“, und in sport klingt -sp- wie in „We**sp**e“.

Am Ende eines Wortes stehen niemals die stimmhaften Mitlaute b, g, gh, es können nur die stimmlosen p, k, q sein. Wenn aber ein solches Wort eine Endung bekommt und p, k, q sich dadurch zwischen zwei Selbstlauten befinden, verändern sie sich wie folgt: p → b, k → g, q → gh, z. B.:

kitep	*Buch*	Buch
kiteb-im	*Buch-mein*	mein Buch
belek	*Geschenk*	Geschenk
beleg-im	*Geschenk-mein*	mein Geschenk
qonoq	*Gast*	Gast
qonogh-um	*Gast-mein*	mein Gast

Das Gesetz der Lautharmonie (GLH)

In einem kirgisischen Wort können nicht x-beliebige Selbstlaute nebeneinander stehen. In demselben Wort können z. B. gleichzeitig a und e oder y und i, u und ü sein.

Alle 8 Selbstlaute (a, e, i, o, ö, u, ü, y) werden in vier Klassen eingeteilt: offen/geschlossen (das heißt, der Mund ist breit oder schmal) und gerundet/ungerundet (die Lippen sind gerundet oder nicht). Dies kann in Form einer Tabelle angezeigt werden:

Dies mag zuerst schwierig erscheinen, aber studieren Sie die Tabelle sorgfältig, und Sie werden sehen, dass alles ganz einfach ist!

Klasse	offen	geschlossen
gerundet	1. **o, u**	3. **ö, ü**
ungerundet	2. **a, y**	4. **e, i**

Aussprache und Betonung

In einem Wort können nur Selbstlaute einer Klasse sein, z. B.: 1. suluu (schön), ooru (krank); 2. bala (Kind), aqyryn (langsam); 3. kötschö (Straße), örük (Aprikose); 4. kitep (Buch), mektep (Schule). Diese Regel ist sehr wichtig beim Erlernen der grammatischen Anhängsel (Suffixe), Partikeln und Endungen, die jeweils mehrere Varianten haben, die von den Regeln der Lautharmonie abhängen!

Infolge des Gesetzes der Lautharmonie gibt es im Kirgisischen ziemlich lange Wörter, in denen alle Selbstlaute ö oder ü sind, z. B.: bürsügünü (übermorgen), özgötschö (besonders), bölmölördö (in den Zimmern). Sie klingen ungewöhnlich, aber das hat den Vorteil, dass es einfacher ist, sich diese Wörter zu merken.

Es gibt im Kirgisischen aber viele arabische, russische und europäische Lehnwörter. Diese Wörter werden gewöhnlich russisch ausgesprochen, und das Gesetz der Lautharmonie gilt für sie nicht. Wenn ein solches Wort aber ein Suffix oder eine Endung erhält, hängen diese Teilchen von der letzten Silbe ab. Einige Beispiele:

telefon	Telefon
apteka	Apotheke
direktor	Direktor
odekolon	Eau de Cologne
ofitser	Offizier
okean	Ozean
sekunda	Sekunde
pojezd	Zug
gazeta	Zeitung

Außerdem gibt es Suffixe, die immer nur eine konstante Lautform haben. Wörter mit diesen Suffixen sind ebenfalls vom Gesetz der Lautharmonie ausgenommen. Beispiele:

aghartuu	Bildung
aqylduu	klug
baqtyluu	glücklich
baruu	Fahrt

Betonung

In der Regel werden kirgisische Wörter auf der letzten Silbe betont.

bölmö	Zimmer
toghuz	neun
talaa	Feld
qartang	alt

Bekommt das Wort eine Endung, verschiebt sich die Betonung auf das Ende des Wortes:

bölmö	Zimmer
bölmödö	im Zimmer
talaa	Feld
talaalar	Felder

In manchen Lehnwörtern und auch in einigen kirgisischen Wörtern steht die Betonung nicht am Ende, dann wird sie in diesem Buch durch Unterstreichung gekennzeichnet, z. B.: lampa, fabrika, apteka.

Wörter, die weiterhelfen

Manchmal braucht man in der Fremde nur ein paar Schlüsselwörter und Satzbaupläne, die einem helfen, sich zurechtzufinden.

Salam alejküm!	Guten Tag!
Qoschunguz!	Auf Wiedersehen!
Surajm.	Bitte ... (um etw.)
Yraqmat.	Danke.
Ketschiringiz!	Entschuldigung!

In die hier aufgeführten Sätze kann man Wörter aus den Wörterlisten einsetzen, ohne diese zu verändern.

... qajda?	Wo ist ein/e ...?

apteka	Apotheke
bank	Bank
awtobus	Bus
ooruqana	Krankenhaus
dükön	Geschäft
mejmanqana	Hotel
doktor	Arzt
potschta	Postamt
eltschilik	Botschaft
restoran	Restaurant

... bar-by?	Gibt es ...?

Bilet-ter bar-by?
Eintrittskarte-Mz es-gibt-?
Gibt es Eintrittskarten?

Siz-de bölmö bar-by?
Sie-5 Zimmer es-gibt-?
Haben Sie ein Zimmer?

Ooba, bar.
ja, es-gibt
Ja, gibt es.

Dshoq.
nein
Nein, gibt es nicht.

mejmanqana	Hotel
awtobus	Bus
taksi	Taxi
tamaq	Essen
tschaj	Tee

Men ... izdejmin.	Ich suche ...
Magha ... kerek.	Ich brauche ...

Magha doktor kerek.
mir Arzt notwendig
Ich brauche einen Arzt.

Men mejmanqana izde-j-min.
ich Hotel suchen-GZ-ich
Ich suche ein Hotel.

wokzal	Bahnhof
mejmanqana	Hotel
bölmö	Zimmer
piwo	Bier

... qantscha turat?	Wie viel kostet ...?

Bul qantscha tur-a-t?
das wieviel kosten-GZ-es
Wie viel kostet das?

Men tüschün-bö-j-m.
ich verstehen-nicht-GZ-ich
Ich verstehe nicht.

qonuu	Übernachten
kofe	Kaffee
piwo	Bier
scharap	Wein

Hauptwörter (Substantive)

Im Kirgisischen haben Hauptwörter (Substantive) eine Ein- und Mehrzahl, sie können auch (wie im Deutschen) gebeugt werden.

Artikel

Im Kirgisischen gibt es keine Artikel – weder bestimmte („der, die, das") noch unbestimmte („ein, eine"). So kann z. B. bölmö „ein Zimmer", „das Zimmer" oder einfach nur „Zimmer" heißen.

grammatisches und natürliches Geschlecht

Hauptwörter, die „unbelebte" Gegenstände oder Abstrakta bezeichnen, haben im Kirgisischen kein **grammatisches** Geschlecht (männlich / weiblich / sächlich). Jedoch wird bei Hauptwörtern, die Menschen oder Tiere bezeichnen, das **natürliche** Geschlecht gekennzeichnet, indem für weibliche Lebewesen entweder die Endungen -a, -ka an die männliche Bezeichnung angefügt werden oder aber die Bezeichnung für das weibliche Lebewesen eine ganz andere ist, z. B.:

erkek	Mann
ajal	Frau
agha	Bruder
edshe	Schwester
uul	Sohn
qyz	Tochter
mughalim	Lehrer
mughalima	Lehrerin
student	Student
studentka	Studentin
buqa	Bulle
uj	Kuh
qoroz	Hahn
tooq	Henne

Oft werden die betreffenden Hauptwörter auch mit einem geschlechtsspezifischen Wort zusammengesetzt, z. B.:

mughalim *Lehrer*	Lehrer
mughalim ajal *Lehrer Frau*	Lehrerin
oquutschu *Schüler*	Schüler
oquutschu qyz *Schüler Mädchen*	Schülerin
erkek bala *Mann Kind*	Knabe
qyz bala *Mädchen Kind*	Mädchen
myschyq *Katze*	Katze
erkek myschyq *Mann Katze*	Kater

Hauptwörter (Substantive)

Mehrzahl

In der Mehrzahl können Hauptwörter zwölf verschiedene Varianten der Endung haben:

-lar, -ler, -lor, -lör	nach Selbstlauten und j, r
-dar, -der, -dor, -dör	nach stimmhaften Mitlauten
-tar, -ter, -tor, -tör	nach stimmlosen Mitlauten

Beispiele:

ata	Vater	**atalar**	Väter
kischi	Mensch	**kischiler**	Leute
at	Pferd	**attar**	Pferde
kötschö	Straße	**kötschölör**	Straßen
qyz	Mädchen (Ez)	**qyzdar**	Mädchen (Mz)
mektep	Schule	**mektepter**	Schulen

(Das Hauptwort bala (Kind) ist eine Ausnahme, es hat die Mehrzahl baldar.)

Die 6 Fälle und ihre Beugung

Im Kirgisischen gibt es 6 Fälle. Neben den ersten vier Fällen, die den deutschen Fällen entsprechen, kennt das Kirgisische noch den 5. Fall (Lokativ) und den 6. Fall (Ablativ).

Im Kirgisischen werden Wörter gebeugt, indem jeweils bestimmte Fallenendungen angehängt werden. In der Wort-für-Wort-Übersetzung werden der 2. bis 6. Fall durch die jeweilige Fallnummer gekennzeichnet.

Der 1. Fall hat keine Endungen und antwortet auf die Fragen „wer?", „was?". Die anderen Fälle geben jeweils Antwort auf folgende Fragen und haben die folgenden Endungen:

Fall	Frage	nach einem Selbstlaut	n. stimmh. Mitlaut	n. stimml. Mitlaut
1.	wer?, was?	-	-	-
2.	wessen?	**-nyn, -nin, -nun, -nün**	**-dyn, -din, -dun, -dün**	**-tyn, -tin, -tun, -tün**
3.	wem?, wohin?	**-gha, -ge, -gho, -gö**	**-gha, -ge, -gho, -gö**	**-qa, -ke, -qo, -kö**
4.	wen?, was?	**-ny, -ni, -nu, -nü**	**-dy, -di, -du, -dü**	**-ty, -ti, -tu, -tü**
5.	wo?	**-da, -de, -do, -dö**	**-da, -de, -do, -dö**	**-ta, -te, -to, -tö**
6.	woher?, von wem?, wovon?, seit wann?	**-dan, -den, -don, -dön**	**-dan, -den, -don, -dön**	**-tan, -ten, -ton, -tön**

Die 6 Fälle und ihre Beugung

Das System der Fallendungen ist nicht so kompliziert, wie es zunächst scheint. Man muss nur seine Logik verstehen. Der 2. Fall scheint beispielsweise 12 Endungen zu haben. Das sind aber nur phonetische Varianten derselben Endung. Ihr Selbstlaut (y, i, u, ü) ist vom Gesetz der Lautharmonie abhängig. Und der erste Mitlaut in der Endung: Es ist logisch, dass z. B. ata (Vater) den 2. Fall ata-nyn hat, darbyz (Wassermelone) die Form darbyz-dyn und qat (Brief) die Form qat-tyn haben. Die Fallendungen können an Haupt-, Eigenschafts-, Fürwörter und auch „dieser" und „jener" angehängt werden.

Beugung der Hauptwörter:

1. Fall (Nominativ, Werfall)

Der 1. Fall hat im Grunde die gleichen Funktionen wie im Deutschen. Er hat keine Endungen und beantwortet die Fragen kim? (wer?), emne? (was?).

2. Fall (Genitiv/Wesfall)

Der 2. Fall wird zur Angabe des Besitzes verwendet und beantwortet die Frage „wessen?". Die Endung -nyn, -nin, -nun, -nün, -dyn, -din, -dun, -dün, -tyn, -tin, -tun, -tün wird an das Hauptwort, das den „Besitzer" bezeichnet, angefügt. Die Reihenfolge der Besitzangabe ist andersherum als im Deutschen. Darüber hinaus muss an den „Besitzgegenstand" die besitzanzeigende Endung (s. u.) der 3. Person angehängt werden.

bölmö-nün tereze-si
Zimmer-2 Fenster-sein
das Fenster des Zimmers

bala-nyn ene-si
Kind-2 Mutter-sein
die Mutter des Kindes

student-tin kiteb-i
Student-2 Buch-sein
das Buch des Studenten

dshaz-dyn baschtalysch-y
Frühling-2 Beginn-sein
der Beginn des Frühlings

In der Regel ist die Reihenfolge im Deutschen umgekehrt, aber es gibt auch die etwas „altmodisch“ klingende Form „des Vaters Sohn“, „(des) Frühlings Erwachen“ usw.

3. Fall (Dativ/Wemfall)

Der 3. Fall bezeichnet das „Geben” oder eine Richtungsangabe. Die Endungen -gha / -ge / ... / -qo / -kö entsprechen dem Gesetz der Lautharmonie und dem letzten Laut des Hauptworts, ob das nun ein Selbstlaut bzw. stimmhafter Mitlaut oder ein stimmloser Mitlaut ist.

Biz kino-gho bar-a-byz.
wir Kino-3 gehen-GZ-wir
Wir gehen ins Kino.

Bischkek-ke baruu-gha dajar-syng-by?
Bischkek-3 Reise-3 bereit-du-?
Bist du bereit für die Reise nach Bischkek?

Übrigens wird der kirgisische 3. Fall nicht automatisch verwendet, wenn im Deutschen der 3. Fall benötigt wird.

Steht der deutsche 3. Fall mit einem Verhältniswort, kann das kirgisische Hauptwort im 1. oder im 2. Fall stehen:

samolot menen	**üj-dün aldynda**
Flugzeug mit	*Haus-2 vor*
mit dem Flugzeug	vor dem Haus

4. Fall (Akkusativ/Wenfall)

Der kirgisische 4. Fall enspricht dem deutschen Akkusativ, allerdings mit einer Nuance: Die Endungen -ny/-ni/.../-dy/-di/.../-ty/-ti/... werden an das Hauptwort nämlich nur dann angefügt, wenn man es im Deutschen mit dem bestimmten Artikel (der, die, das) übersetzt. Steht im Deutschen der unbestimmte Artikel (ein, eine), bleibt das Hauptwort unverändert. Insofern drückt die Endung des 4. kirgisischen Falls eine Bedeutung aus. Bei Unbestimmtheit wird daher der 4. Fall mit der Fallnummer in Klammern gekennzeichnet.

Men kitep satyp al-dy-m.
ich Buch(4) gekauft nehmen-BV-ich
Ich habe ein Buch gekauft.

Men kitep-ti satyp al-dy-m.
ich Buch-4 gekauft nehmen-BV-ich
Ich habe das Buch gekauft.

5. Fall (Lokativ/Wofall)

Der 5. Fall drückt eine Orts- oder Zeitangabe aus. Im Deutschen benötigt man „in", „auf" oder „um".

Men schaar-da tur-a-myn.
ich Stadt-5 wohnen-GZ-ich
Ich wohne in der Stadt.

Saat eki-de.
Uhr zwei-5
Um zwei Uhr.

6. Fall (Ablativ/Woherfall)

Der 6. Fall drückt die Herkunft, den Ausgangspunkt oder -moment aus, wofür man im Deutschen die Verhältniswörter „aus", „nach", „von" verwendet.

Men Berlin-den-min.
ich Berlin-6-bin
Ich bin aus Berlin.

Saat ütsch-tön kijin
Stunde drei-6 nach
nach 3 Stunden

Bügün men Otto-don qat al-dy-m.
heute ich Otto-6 Brief(4) bekommen-BV-ich
Heute habe ich einen Brief von Otto bekommen.

Die Fälle in der Mehrzahl

Jedes Hauptwort kann die Fälle auch in der Mehrzahl haben. Im Kirgisischen ist die Sache einfach genug. Nach dem Stamm steht die Endung der Mehrzahl und danach eine Fallendung.

Da der letzte Laut der Mehrzahlendung immer -r ist, haben die Fallendungen immer nur die Variante, die nach stimmhaften Mitlauten geht, also z. B.:

student-tin
Student-2
des Studenten

student-ter-din
Student-Mz-2
der Studenten

kötschö-dö
Straße-5
in der Straße

kötschö-lör-dö
Straße-Mz-5
in den Straßen

imarat-qa
Gebäude-3
zum Gebäude

imarat-tar-gha
Gebäude-Mz-3
zu den Gebäuden

An diesen Beispielen kann man sehen, dass Hauptwörter in Einzahl und Mehrzahl verschiedene Varianten der Fallendungen haben können.

Dieses und Jenes, Hier und Dort

Für diese Begriffe gibt es im Kirgisischen viele Wörter und beschreibende Ausdrücke; wir werden nur die gängigsten verwenden. Die hinweisenden Fürwörter (Demonstrativpronomen) stehen immer vor dem Hauptwort, auf das sie sich beziehen. Sie sind unveränderlich. Es gibt keine Mehrzahlformen und keine Fälle. Ein hinweisendes Fürwort wird also auch dann nicht gebeugt, wenn das Hauptwort, auf das es sich bezieht, in einem anderen Fall als dem 1. Fall steht.

Die Fürwörter „dieser", „jener" und die Ortsdefinitionen „hier", „dort" haben oft gemeinsame Elemente:

bul, uschul	dieses
oscho, tigi	jenes
mynda, bul dsherde	hier
anda, oscho dsherde	dort

Ein paar Beispiele mit diesen Wörtern:

Bul mejmanqana qajda?
dieses Hotel wo
Wo ist dieses Hotel?

Bul dükön-dör borbor-do.
diese Geschäft-Mz Zentrum-5
Diese Geschäfte sind im Zentrum.

Dieses und Jenes, Hier und Dort

Biz oscho dükön-gö bar-a-byz.
wir jenes Geschäft-3 gehen-GZ-wir
Wir gehen in jenen Laden.

Bul dükön-dör-dö emne bar?
diese Geschäft-Mz-5 was es-gibt
Was gibt es in diesen Läden?

Bul-dsherde tschaj bar-by?
hier Tee es-gibt-?
Gibt es hier Tee?

Anda tschong köl bar.
dort großer See es-gibt
Dort gibt es einen großen See.

Wanderer im Ala-Artscha-Nationalpark

Eigenschaftswörter

Da die kirgisischen Hauptwörter kein grammatisches Geschlecht haben, sind auch die Eigenschaftswörter (Adjektive) unveränderlich. Auf Deutsch heißt es „großer Baum“, „große Familie“, „großes Haus“, „große Kinder“, auf Kirgisisch lautet es unverändert tschong (groß).

tschong daraq
großer Baum
ein großer Baum

tschong üj-bülö
große Familie
eine große Familie

tschong üj
großes Haus
ein großes Haus

tschong bal-dar
großes Kind-Mz
große Kinder

Die Eigenschaftswörter stehen vor dem Hauptwort, auf das sie sich beziehen. Es gibt gewiss einen Unterschied zwischen den Sätzen *„ein großer Baum“* und *„Der Baum ist groß“*. In beiden Sätzen ist das Wort tschong (groß) unveränderlich. Aber im Kirgisischen gibt es keine Artikel und keine Kopula (*„ist“*). Nur die Wortfolge ist dabei verschieden:

tschong daraq
großer Baum
ein großer Baum

Daraq tschong.
Baum groß
Der Baum ist groß.

Wichtige Eigenschaftswörter

qatuu	laut
aqyryn	leise
tschong	groß
kitschine	klein
dshaqyn	nah
alys	weit
dshaqschy	gut
dshaman	schlecht
uzun	lang *(Entfernung)*
uzaq	lang *(Zeit)*
qysqa	kurz *(Entfernung / Zeit)*
oor	schwer *(Gewicht)*
dshengil	leicht *(Gewicht)*
dsharyq	hell
qarangghy	dunkel
ooru	krank
soo	gesund
qymbat	teuer
arzan	billig
suuq	kalt
dshyluu	warm
dshangy	neu
eski	alt *(Gegenstand)*
dshasch	jung
qary	alt *(Person)*
baj	reich
kedej	arm
kütschtüü	stark
natschar	schwach
dshönököj	einfach
qyjyn	schwierig

toltura	voll
bosch	leer
atsch	hungrig
toq	satt
taza	sauber
batqaq	schmutzig
bijik	hoch
dshapyz	niedrig
tez	schnell
dshaj	langsam
köngüldüü	lustig
qapaluu	traurig
qyzyq	interessant
zeriktirme	langweilig
aqylduu	klug
aqmaq	dumm
tuura	richtig
tuura emes	falsch

Farben

aq	weiß
sary	gelb
qyzghylt sary	orange
qyzyl	rot
kök	blau
dshashyl	grün
qyzghyltym	rosa
qyzghylt kök	violett
küröng	braun
boz, sur	grau
qara	schwarz
ala-bula	bunt

Steigern und Vergleichen

Die Steigerung ist im Kirgisischen nicht so einfach und eindeutig wie im Deutschen. Wir betrachten nur die einfachsten Arten der Bildung der Steigerungsstufen. Auch die gesteigerten Eigenschaftswörter sind vor Hauptwörtern unveränderlich.

1. Steigerungsstufe (Komparativ)

Nur die 1. Steigerungsstufe hat eine Endung. Diese Endung (-raaq, -reek, -rooq, -röök, -yraaq, -ireek, -urooq, -üröök) verbindet sich mit dem Stamm, der immer unverändert ist. Die Varianten -raaq, -reek, -rooq, -röök stehen nach einem Selbstlaut, -yraaq, -ireek, -urooq, -üröök – nach einem Mitlaut.

Bul üj bas-yraaq.
dieses Haus niedrig-er
Dieses Haus ist niedriger.

Bul bala kitschi-reek.
dieses Kind klein-er
Dieses Kind ist kleiner.

Es gibt noch eine weitere Art, die 1. Steigerungsstufe zu bilden, ohne Endung: Das Eigenschaftswort steht in seiner Wörterbuchform, das Wort, mit dem man vergleicht, steht im 6. Fall:

Palto beschmant-tan uzun.
Mantel Jacke-6 lang
Der Mantel ist länger als die Jacke.

Osmon Satar-dan kitschine.
Osmon Satar-6 klein
Osmon ist kleiner als Satar.

Berlin Bischkek-ten tschong.
Berlin Bischkek-6 groß
Berlin ist größer als Bischkek.

Awtobus pojezd-den bir-az tez.
Bus Zug-6 ein-bisschen schnell
Der Bus ist ein bisschen schneller als der Zug.

Wenn der Unterschied nicht so groß ist, kann bir az *(„ein bisschen") eingeschoben werden.*

2. Steigerungsstufe (Superlativ)

Für den Superlativ werden wir auch zwei Arten betrachten. In der 1. Art werden das Wort baary (alle) im 6. Fall und das Eigenschaftswort in seiner Wörterbuchform benutzt.

baary-nan dshaqschy
alle-6 gut
der beste von allen

baary-nan aqylduu
alle-6 klug
der klügste von allen

Die angestrengten Formen der Eigenschaftswörter (Intensiv) werden im Kirgisischen auch als Superlativ betrachtet. Den Superlativ geben die Wörter eng, abdan, ötö (sehr) an:

eng qysqa *sehr kurz*	sehr kurz, kürzest-
abdan dshaqschy *sehr gut*	sehr gut, best-
ötö qyzyq *sehr interessant*	sehr interessant, interessantest-

Vergleichen

Zwei in ihrer Eigenschaft gleiche Hauptwörter werden verglichen, indem sie nacheinander gestellt werden, syjaqtuu (ähnlich) wird nachgestellt, zum Schluss folgt das Eigenschaftswort, z. B.:

(Asan *und* Qadyr *sind männliche Vornamen.)*

Asan Qadyr syjaqtuu tschong.
Asan Qadyr ähnlich groß
Asan ist so groß wie Qadyr.

Wanderer und Bergsteiger kommen besonders gern nach Kirgisistan

Persönliche Fürwörter

Die Systeme der persönlichen Fürwörter (Personalpronomen) im Deutschen und im Kirgisischen sind ein wenig verschieden, der Unterschied ist in der Höflichkeit und im grammatischen Geschlecht:

men	ich	**biz**	wir
sen	du	**siler**	ihr
siz	Sie (*Ez*)	**sizder**	Sie (*Mz*)
al	er, sie, es	**alar**	sie

Also, siz (Sie) hat eine Mehrzahl, für „er“, „sie“, „es“ gibt es nur eine Form ohne Geschlecht.

Magazin-den kel-d-im.
Geschäft-6 kommen-BV-ich
Ich kam aus dem Geschäft.

Sening qat küt-ö-mün.
dein Brief-(4) warten-GZ-ich
Ich warte auf deinen Brief.

In einem Satz werden persönliche Fürwörter oft weggelassen, weil die Endungen der Tätigkeitswörter zeigen, wer die handelnde Person ist. Wenn aber ein persönliches Fürwort logisch betont ist, soll es gebraucht werden:

Men bar-a-m(yn), a sen qal.
ich gehen-GZ-ich, aber du bleib
Ich werde gehen, aber bleibe du hier.

Die persönlichen Fürwörter haben dieselben 6 Fälle wie Hauptwörter, die Beugung ist ähnlich. Es mag nicht einfach sein, das alles zu behalten, aber um die Kirgisen zu verstehen, ist es unerlässlich. Kleiner Trost: die Beugung ist sehr regelmäßig. Wenn man sich die Bedeutung der Suffixe und das Gesetz der Lautharmonie erst einmal eingeprägt hat, ist es eigentlich ziemlich einfach!

Persönliche Fürwörter

Einzahl

1.	**men** ich	**sen** du	**siz** Sie (Ez)	**al** er / sie
2.	**menin** mein	**senin** dein	**sizdin** Ihr (Ez)	**anyn** sein / ihr
3.	**magha** mir, zu mir	**sagha** dir, zu dir	**sizge** Ihnen (Ez), zu Ihnen	**agha** ihm / ihr, zu ihm / ihr
4.	**meni** mich	**seni** dich	**sizdi** Sie (Ez)	**any** ihn / sie
5.	**mende** bei mir	**sende** bei dir	**sizde** bei Ihnen (Ez)	**anda** bei ihm /ihr
6.	**menden** von mir	**senden** von dir	**sizden** von Ihnen (Ez)	**andan** von ihm /ihr

Mehrzahl

1.	**biz** wir	**siler** ihr	**sizder** Sie (Mz)	**alar** sie
2.	**bizdin** unser	**silerdin** euer	**sizderdin** Ihr (Mz)	**alardyn** ihr
3.	**bizge** uns, zu uns	**silerge** euch, zu euch	**sizderge** Ihnen (Mz), zu Ihnen	**alargha** ihnen, zu ihnen
4.	**bizdi** uns	**silerdi** euch	**sizderdi** Sie (Mz)	**alardy** sie
5.	**bizde** bei uns	**silerde** bei euch	**sizderde** bei Ihnen (Mz)	**alarda** bei ihnen
6.	**bizden** von uns	**silerden** von euch	**sizderden** von Ihnen (Mz)	**alardan** von ihnen

Einige Beispiele mit persönlichen Fürwörtern in verschiedenen Fällen:

Biz-di küt-üngüz.
wir-4 warten-Sie
Warten Sie auf uns.

Magha süt menen kofe ber-ingiz.
mir Milch mit Kaffee geben-Sie
Geben Sie mir Kaffee mit Milch.

Men siz-di qatschan kör-ö-mün?
ich Sie-4 wann sehen-GZ-ich
Wann werde ich Sie sehen?

Bul anyn bagash-y-by?
das sein Gepäck-sein-?
Ist das sein Gepäck?

Men-den kijin al kel-e-t.
ich-6 nach er kommen-GZ-er
Nach mir kommt er.

Ketschee al dshönöndö qabar uq-qan-myn.
gestern er über Neuigkeit hören-UV-ich
Gestern habe ich eine Neuigkeit über ihn gehört.

Besitzanzeigende Fürwörter

Die besitzanzeigenden Fürwörter sind einfach die persönlichen Fürwörter im 2. Fall. Zusätzlich erhalten die Hauptwörter aber noch besitzanzeigende Endungen, z. B.

menin ata-m *mein Vater-mein*	mein Vater
senin dos-ung *dein Freund-dein*	dein Freund
sizdin ene-ngiz *Ihre Mutter-ihr*	Ihre Mutter

anyn kiteb-i *sein Buch-sein*	sein Buch
bizdin shaar-ybyz *unsere Stadt-unser*	unsere Stadt
alardyn ata-ene-ler-i *ihre Eltern-Mz-ihr*	ihre Eltern

Das sind alle besitzanzeigenden Endungen:

Einzahl

-m (-ym, -im, -um, -üm)	mein
-ng (-yng, -ing, -ung, -üng)	dein
-ngyz, -ngiz, -nguz, -ngüz (-yngyz, -ingiz, -unguz, -üngüz)	Ihr (Ez)
-sy, -si, -su, -sü (-y, -i, -u, -ü)	sein, ihr (Ez)

Mehrzahl

-byz, -biz, -buz, -büz (-ybyz, -ibiz, -ubuz, -übüz)	unser
-ngar, -nger, -ngor, -ngör (-yngar, -inger, -ungar, -üngör)	euer
-ngyzdar, -ngizder, -nguzdar, -ngüzdör (-yngyzdar, -ingizder, -unguzdar, -üngüzdör)	Ihr (Mz)
-sy, -si, -su, -sü (-y, -i, -u, -ü)	ihr (Mz)

Die besitzanzeigenden Endungen hängen von den Selbstlauten (gemäß dem Gesetz der Lautharmonie) und von den Endmitlauten ab. Wenn am Ende eines Wortes ein Selbstlaut steht, benutzen wir die erste Variante, wenn am Ende ein Mitlaut steht – die zweite Variante (in Klammern), z. B.:

menin ata-m
mein Vater-mein
mein Vater

menin kiteb-im
mein Buch-mein
mein Buch

anyn ata-sy
sein Vater-sein
sein Vater

anyn kiteb-i
sein Buch-sein
sein Buch

Die besitzanzeigenden Fürwörter werden nur bei Betonung verwendet. Die vorangestellten Ausdrücke lauten gewöhnlich so:

ata-m	*Vater-mein*	mein Vater
kiteb-im	*Buch-mein*	mein Buch
ata-sy	*Vater-sein*	sein Vater
kiteb-i	*Buch-sein*	sein Buch

Steht das Hauptwort in der Mehrzahl, steht die Mehrzahl-Endung vor den besitzanzeigenden Endungen:

dos-tor-um	*Freund-Mz-mein*	meine Freunde
dos-tor-ubuz	*Freund-Mz-unser*	unsere Freunde
kitep-ter-i	*Buch-Mz-sein*	seine Bücher

Sein und Haben

Im Kirgisischen gibt es keine Hilfsverben „sein" und „haben", die wie im Deutschen zur Bildung zusammengesetzter Zeiten benötigt werden.

„sein"

Das kirgisische Tätigkeitswort bol- (sein) hat keine gebeugten Formen in der Gegenwart. Statt dessen werden an das Hauptwort Prädikat-Suffixe angehängt, die sowohl die handelnde Person als auch die gebeugten Formen zum Ausdruck bringen. Aber diese Suffixe bestehen nur für die 1. Person (ich bin, wir sind) und für die 2. Person (du bist, ihr seid). Sätze mit der 3. Person haben kein Suffix.

Diese Suffixe sind immer unbetont.

Einzahl

-myn, -min, -mun, -mün	ich bin
-syng, -sing, -sung, -süng	du bist
-syz, -siz, -suz, -süz	Sie sind (Ez)
- *(keine Endung)*	er / sie ist

Mehrzahl

-byz, -biz, -buz, -büz, -pyz, -piz, -puz, -püz	wir sind
-syngar, -singer, -sungar, -süngör	ihr seid
-syzdar, -sizder, -suzdar, -süzdör	Sie sind (Mz)
alar + *Hauptwort (Mz)*	sie sind

Doktor-mun.
Arzt-bin-ich
Ich bin Arzt.

Al doktor.
er Arzt
Er ist Arzt.

Student-piz.
Student-sind-wir
Wir sind Studenten.

Alar student-ter.
sie Student-Mz
Sie sind Studenten.

Dos-sungar.
Freund-seid-ihr
Ihr seid Freunde.

Alar dos-tor.
sie Freund-Mz
Sie sind Freunde.

Beachten Sie, dass die Mehrzahlform eines Hauptworts nur in der 3. Person (sie sind) notwendig ist.

Men baqtyluu-mun.
ich glücklich-bin-ich
Ich bin glücklich.

Al baqtyluu.
er glücklich
Er ist glücklich.

... und Verneinung

Für die Verneinung stellt man das Wort emes (nicht) nach, an das nun die oben beschriebenen Prädikat-Suffixe angefügt werden:

(Men) student emes-min.
(ich) Student nicht-bin-ich
Ich bin kein Student.

(Men) baqtyluu emes-min.
(ich) glücklich nicht-bin-ich
Ich bin nicht glücklich.

Für die 3. Person Einzahl (er, sie, es) sowie Mehrzahl (sie) werden die Prädikat-Suffixe nicht benötigt, es wird lediglich emes (nicht) nachgestellt:

Al doktor emes.
er Arzt nicht
Er ist kein Arzt.

Alar doktor-lor emes.
sie Arzt-Mz nicht
Sie sind keine Ärzte.

Al baqtyluu emes.
er glücklich nicht
Er ist nicht glücklich.

Alar baqtyluu emes.
sie glücklich nicht
Sie sind nicht glücklich.

„haben“

Für „haben“ gibt es im Kirgisischen auch kein Tätigkeitswort. „Haben“ bildet man wie „bei mir gibt es ...“, „bei dir gibt es ...“:

Men-de aqtscha bar.
ich-5 Geld es-gibt
Ich habe Geld.

An-da bagash bar.
er-5 Gepäck es-gibt
Er hat Gepäck.

Alar-da suroo-lor bar.
sie-5 Frage-Mz es-gibt
Sie haben Fragen.

... und Verneinung

Für einen verneinten Satz („ich habe nicht ...“ usw.) ersetzt man bar (es gibt) einfach durch dshoq (nein):

Men-de aqtscha dshoq.
ich-5 Geld nein
Ich habe kein Geld.

An-da bagash dshoq.
er-5 Gepäck nein
Er hat kein Gepäck.

Alar-da suroo-lor dshoq.
sie-5 Frage-Mz nein
Sie haben keine Fragen.

Umstandswörter

Im Kirgisischen braucht man keine besonderen Endungen, um aus einem Eigenschaftswort ein Umstandswort der Art und Weise (Frage: „wie? auf welche Art und Weise?") zu machen. Der einzige Unterschied zum Deutschen ist, dass das Eigenschaftswort vor das Tätigkeitswort gestellt wird und dadurch die Funktion eines Umstandswortes erhält, z. B.:

Eigenschaftswort:	Umstandswort:
Al dshaqschy dos-um.	**Al dshaqschy dshaz-at.**
er gut Freund-mein	*er gut schreiben-er*
Er ist mein guter Freund.	Er schreibt gut.

köp	viel
az	wenig
eng, abdan, ajabaj	sehr
eng ele	zu (sehr), z. B.:
eng ele köp	zu viel
eng ele az	zu wenig
eng ele tez	zu schnell

Umstandswörter der Zeit

azyr	jetzt
ar qatschan	immer
bügün	heute
erteng	morgen
ketschee	gestern
etsch qatschan	niemals

Umstandswörter des Ortes

Umstandswörter des Ortes werden aus den Wörtern bu(l) (dieser), al, oscho, tigi (jener) und dsher (Ort), dshaq (Seite) gebildet. Die Wörter dsher und dshaq werden im 3., 5. oder 6. Fall gebeugt, wodurch man folgende Bedeutungen erhält:

bul-dsher-de *dieser-Ort-5*	hier
bu-dsher-ge *dieser-Ort-3*	hierher
bu-dsher-den *dieser-Ort-6*	von hier

oscho-dsher-de *jener-Ort-5*	dort
tigi-dshaq-qa *jener-Ort-3*	dorthin
al-dsher-den *jener-Ort-6*	von dort

Ein Flüsschen und Berge, Berge, Berge ...

Verben und Zeiten

Im Kirgisischen gibt es viele Formen, wir betrachten aber nur die üblichsten in der Umgangssprache.

Grundform

Im Kirgisischen gibt es keine Grundform (Infinitiv). Die Grundlage für die Bildung aller Formen (der Verbstamm) ist die Befehlsform (Imperativ) der 2. Person Einzahl („du"):

kel!	komm!
qoj!	stell!
ischte!	arbeite!

In den Wörterlisten in diesem Buch werden die Tätigkeitswörter mit einem Bindestrich angegeben.

kel-	kommen
qoj-	stellen
ischte-	arbeiten

Zeitformen

Im Allgemeinen haben kirgisische Zeiten und Modi andere Bedeutungsnuancen als die deutschen Zeiten. Darum können Entsprechungen nur annähernd sein.

Obwohl es in der kirgisischen Sprache viele Zeitformen gibt, die unterschiedliche semantische Nuancen zeigen, werden wir nur vier Formen betrachten. Das sind:

- Gegenwart-Zukunft
- Momentgegenwart
- bestimmte Vergangenheit
- unbestimmte Vergangenheit

Gegenwart-Zukunft

Diese Zeitform kann entweder die Gegenwart oder die Zukunft ausdrücken. Im Deutschen verwendet man ja auch oft die Gegenwartsform, obwohl man eindeutig die Zukunft meint, z. B. „Ich komme in zwei Wochen." Es gibt zwar auch Zeitformen für die Zukunft, aber sie sind selten gebräuchlich. In der Umgangssprache benutzt man die Form der „Gegenwart-Zukunft". Das Bildungsschema der Gegenwart-Zukunft ist:

Stamm + Zeitsilbe + volle Personalendung

Die Zeitsilbe -a- (-e-, -o-, -ö-) / -j- richtet sich nach dem Gesetz der Lautharmonie und nach der lautlichen Umgebung im Wort: endet der Stamm auf einen Mitlaut, nimmt man -a- (-e-, -o-, -ö-), endet der Stamm auf einen Selbstlaut, nimmt man -j-. In der Wort-für-Wort-Übersetzung wird die Zeitsilbe mit „GZ" wiedergegeben.

Die sogenannten „vollen Personalendungen" werden in dieser Zeitform (aber nicht in allen anderen Zeitformen) gebraucht. Sie sind wie folgt:

Einzahl

1. ich	**-myn, -min, -mun, -mün**
2. du	**-syng, -sing, -sung, -süng**
Sie (Ez)	**-syz, -siz, -suz, -süz**
3. er / sie	**-t**

Mehrzahl

1. wir	**-byz, -biz, -buz, -büz,** **-pyz, -piz, -puz, -püz**
2. ihr	**-syngar, -singer, -sungar, -süngör**
Sie (Mz)	**-syzdar, -sizder, -suzdar, -süzdör**
3 sie (Mz)	**-t**

Beispiel: zwei Verben mit verschiedenen Endlauten des Stamms: kel- (kommen) und oqu- (lesen).

men kel-e-min	ich komme
sen kel-e-sing	du kommst
siz kel-e-siz	Sie kommen (Ez)
al kel-e-t	er / sie / es kommt
biz kel-e-biz	wir kommen
siler kel-e-singer	ihr kommt
sizder kel-e-sizder	Sie kommen (Mz)
alar kel-e-t	sie kommen

men oqu-j-mun	ich lese
sen oqu-j-sung	du liest
siz oqu-j-suz	Sie lesen (Ez)
al oqu-j-t	er / sie /es liest
biz oqu-j-biz	wir lesen
siler oqu-j-sungar	ihr lest
sizder oqu-j-suzdar	Sie lesen (Mz)
alar oqu-j-t	sie lesen

In der 1. Person Einzahl sagt man oft einfach -m anstatt -myn, -min, -mun, -mün, z. B.: men tura-myn, men tura-m (ich stehe); men ala-myn, men ala-m (ich nehme). Die persönlichen Fürwörter sind im Kirgisischen nicht notwendig, statt men kel-e-min kann man also auch einfach kel-e-min sagen. Die Fürwörter braucht man nur dann, wenn sie betont sind, z. B.:

Men bar-a-myn, biroq sen bar-ba-j-syng.
ich gehen-GZ-ich, aber du gehen-nicht-GZ-du
Ich gehe, aber **du** gehst nicht.

... und Verneinung

Für die Verneinung wird zwischen Stamm und Zeitsilbe (-a-, -e-, -o-, -ö- / -j-) die verneinende Silbe -ba-, -be-, -bo-, -bö-, -pa-, -pe-, -po-, -pö- (laut dem Gesetz der Lautharmonie), geschoben. In der Wort-für-Wort-Übersetzung wird die Verneinungssilbe mit „nicht" wiedergegeben.

kel-e-min	**kel-be-j-min**
kommen-GZ-ich	*kommen-nicht-GZ-ich*
ich komme	ich komme nicht

Die Zeitsilbe ist immer -j-, weil die verneinende Silbe einen Selbstlaut am Ende hat.

Momentgegenwart

Die „Momentgegenwart" beschreibt eine Handlung, die momentan, in diesem Augenblick, im Moment der Rede vor sich geht: „gerade dabei sein, etwas zu tun". Man kann sie sehr gut mit der englischen Verlaufsform vergleichen („I am doing").

Es gibt auch im Deutschen die umgangssprachliche Form: „ich bin am Arbeiten" usw.

Die Momentgegenwart ist eine zusammengesetzte Zeitform, d. h. wie die deutschen Perfekt und Plusquamperfekt besteht sie aus einem Bedeutungsverb und einem Hilfsverb. Die Hilfsverben (wie auch die deutschen „haben“ und „sein“) verlieren dabei ihre Hauptbedeutung. Als Hilfsverben werden vier Tätigkeitswörter benutzt:

dshat-	liegen
dshür-	gehen
tur-	stehen
otur-	sitzen

In der Momentgegenwart verändert sich also die Bedeutung in „gerade dabei sein, etwas zu tun“. Die Hilfsverben dshat-, dshür-, tur-, otur- können ohne Unterschied gleichermaßen verwendet werden, ihre ursprüngliche Bedeutung ist vollständig verloren. Die Bedeutungsverben haben die Endungen -p (nach Selbstlauten) oder -yp, -ip, -up, -üp (nach Mitlauten), diese Form entspricht ungefähr der deutschen Verlaufsform der Gegenwart (Partizip I). In der Wort-für-Wort-Übersetzung werden diese Endungen als P1 bezeichnet. Das Bildungsschema der Momentgegenwart ist:

Stamm des Bedeutungsverbs + P1
+ Hilfsverb in der Gegenwart-Zukunft

Einige Beispiele der Momentgegenwart:

Bala ojno-p dshat-a-t.
Kind spielen-P1 liegen-GZ-es
Das Kind spielt.

Al qajda bar-yp dshat-a-t?
er wohin gehen-P1 liegen-GZ-er
Wohin geht er?

Al qyrghyztscha süjlö-p dshür-ö-t.
er kirgisisch sprechen-P1 gehen-GZ-er
Er spricht kirgisisch.

Al Bischkek-te oqu-p dshür-ö-t.
er Bischkek-6 studieren-P1 gehen-GZ-er
Er studiert in Bischkek.

Qyz-ym mektep-te oqu-p dshür-ö-t.
Tochter-mein Schule-6 lernen-P1 gehen-GZ-er
Meine Tochter lernt in der Schule.

Men too-lor-do qarap tur-a-myn.
ich Berg-Mz-6 schauen-P1 stehen-GZ-ich
Ich schaue auf die Berge.

Men uschunda ischte-p otur-a-myn.
ich hier arbeiten-P1 sitzen-GZ-ich
Ich arbeite hier.

... und Verneinung

Für die Verneinung der Momentgegenwart wird die Form der Bedeutungsverbs mit der Endung -baj, -bej, -boj, -böj. Diese Form werden wir negatives Partizip I nennen und in der Wort-für-Wort-Übersetzung „P1-nicht“ bezeichnen. Als Hilfsverb werden die oben genannten vier Verben in der Gegenwart-Zukunft benutzt. Das Schema ist also:

Stamm des Bedeutungsverbs + P1-nicht
+ Hilfsverb in der Gegenwart-Zukunft

Men bar-baj dshatam.
ich gehen-P1-nicht liege
Ich gehe nicht.

Al ischte-bej dshüröt.
er arbeiten-P1-nicht geht
Er arbeitet nicht.

Die bestimmte Vergangenheit

Die bestimmte Vergangenheit ist der deutschen „unvollendeten Vergangenheit" (einfache Vergangenheit, Imperfekt) ähnlich, sie wird deshalb auch so übersetzt. Die Zeitsilbe dieser Zeitform ist, wie Grammatiken sagen, -dy-, aber es gibt Varianten wegen des Gesetzes der Lautharmonie und infolge anderer Ursachen:

-dy, -di, -du, -dü	nach Selbstlauten und stimmhaften Mitlauten
-ty, -ti, -tu, -tü	nach stimmlosen Mitlauten

In der Wort-für-Wort-Übersetzung werden diese Endungen als BV bezeichnet. Nach diesen Endungen stehen nicht die „vollen Personalendungen" (siehe „Gegenwart-Zukunft"), sondern die „kurzen Personalendungen", die wie folgt sind:

Einzahl

1. ich	**-m**
2. du	**-ng**
Sie (Ez)	**-ngyz, -ngiz, -nguz, -ngüz**
3. er / sie	**-**

Mehrzahl

1. wir	**-k**
2. ihr	**-ngar**
Sie (Mz)	**-ngyzdar, -ngizder, -nguzdar, -ngüzdör**
3 sie	**-**

Beachten Sie, dass diese Personalendungen mit den besitzanzeigenden Endungen identisch sind, mit Ausnahme der 3. Person, wo Personalendungen fehlen.

Das Bildungsschema der bestimmten Vergangenheit ist:

Stamm des Bedeutungsverbs + BV
+ kurze Personalendungen

Einige Beispiele:

Men dshana dos-um Bischkek-ten kel-di-k.
ich und Freund-mein Bischkek-6 kommen-BV-wir
Ich und mein Freund kamen aus Bischkek.

Bul film ketschee bol-du.
dieser Film gestern sein-BV
Dieser Film war gestern.

Ketshee dshamghyr dshaa-dy.
gestern Regen regnen-BV
Gestern regnete es.

Dshandshigit dükön-dö kitep-ter al-dy.
Dshandshigit Laden-5 Buch-Mz-(4) kaufen-BV
Dshandshigit kaufte Bücher im Laden.

(Dshandshigit ist ein Männername.)

... und Verneinung

Für die Verneinung wird, wie in der Gegenwart-Zukunft, zwischen Stamm und Zeitsilbe (-dy- usw.) die verneinende Silbe -ba-, -be-, -bo-, -bö-, -pa-, -pe-, -po-, -pö- (laut dem Gesetz der Lautharmonie), geschoben. In der Wort-für-Wort-Übersetzung wird die Verneinungssilbe mit „nicht" wiedergegeben.

Al dükön-dö kitep-ter al-ba-dy.
er Laden-5 Buch-Mz-(4) kaufen-nicht-BV
Er kaufte keine Bücher in dem Laden.

Die unbestimmte Vergangenheit

Die unbestimmte Vergangenheit ist in ihrer Bedeutung der deutschen vollendeten Gegenwart (Perfekt) ähnlich und wird auch mit dieser deutschen Zeitform übersetzt. Die Zeitsilben in dieser Zeit sind -ghan-, -gen-, -ghon-, -gön-, -qan-, -ken-, -qon-, -kön-, sie richten sich nach dem Gesetz der Lautharmonie und nach dem letzten Laut des vorangehenden Verbstamms. In der Wort-für-Wort-Übersetzung werden sie mit „UV" wiedergegeben. Das Bildungsschema ist:

Stamm + UV + volle Personalendungen

(In den vollen Personalendungen – in dieser Zeitform – gibt es eine Besonderheit: die Endung -t der 3. Person fehlt.) Die Zeitsilben stehen:

-ghan-, -gen-, -ghon-, -gön- nach Selbstlauten und stimmhaften Mitlauten
-qan-, -ken-, -qon-, -kön- nach stimmlosen Mitlauten

Um es einfacher zu machen, sich diese Zeitsilben zu merken, ist es nützlich, Folgendes zu beachten: gh und g sind ein und derselbe kirgisische Buchstabe „г", q und k sind ein und derselbe Buchstabe „к". In rein kirgisischen Wörtern mit offenen Selbstlauten (a, y, o, u) können nur die Mitlaute q und gh sein, und in den Wörtern mit geschlossenen Selbstlauten (e, i, ö, ü) – nur die Mitlaute k und g sein. In der kirgisischen Schrift wird dies nicht gezeigt, es hat nur einen phonetischen Charakter.

Men aqtscha al-ghan-myn.
ich Geld-(4) nehmen-UV-ich
Ich habe Geld genommen.

Al aqtscha al-ghan.
er Geld-(4) nehmen-UV
Er hat Geld genommen.

Biz mektep-te oqu-ghan-byz.
wir Schule-6 lernen-UV-wir
Wir haben in der Schule gelernt.

Alar mektep-te oqu-ghan.
sie Schule-6 lernen-UV
Sie haben in der Schule gelernt.

... und Verneinung

Wie in anderen Zeitformen wird die Verneinung mit der Silbe -ba- gebildet.

Men aqtscha al-ba-ghan-myn.
ich Geld-(4) nehmen-nicht-UV-ich
Ich habe kein Geld genommen.

Al aqtscha al-ba-ghan.
er Geld-(4) nehmen-nicht-UV
Er hat kein Geld genommen.

Modalverben: Wollen, Können, Müssen ...

Um im Deutschen ein Tätigkeitswort zu modifizieren, kombiniert man das gebeugte Modalverb („wollen", „können", „dürfen", „müssen", „sollen" usw.) mit der Grundform des jeweiligen Tätigkeitsworts (z. B. „ich will gehen").

Im Kirgisischen fehlt die Grundform, und Modalverben als solche gibt es auch nicht. Man kann hier also nicht von Modalverben sprechen, sondern eher von Modalkonstruktionen.

wollen

Anstelle von „gehen wollen" existiert im Kirgisischen der so genannte Optativ (gewünschter Modus, gewünschte Aussageform), den es im Deutschen nicht gibt. Für diese Aussageform nimmt man den Verbstamm des jeweiligen Tätigkeitsworts und fügt das Suffix -ghy, -gi, -ghu, -gü, -qy, -ki, -qu, -kü hinzu. Nach dem Suffix stehen besitzanzeigende Endungen, die die Person zeigen. Weiter folgt das Hilfsverb kel- (kommen), das die Zeit und die Verneinung zeigt und dabei seine eigentliche Bedeutung verliert.

Men oqu-ghu-m kel-e-t.
ich lesen-wollen-mein kommen-GZ-er
Ich will lesen.

Men oqu-ghu-m kel-be-j-t.
ich lesen-wollen-mein kommen-nicht-GZ-er
Ich will nicht lesen.

Men munu al-ghy-m kel-e-t.
ich das-4 nehmen-wollen-mein kommen-GZ-er
Ich will das nehmen.

Men muzyka uq-qu-m kel-e-t.
ich Musik hören-wollen-mein kommen-GZ-er
Ich möchte Musik hören.

Men oqu-ghu-m kel-di.
ich lesen-wollen-mein kommen-BV
Ich wollte lesen.

Biz bil-gi-biz kel-di.
wir wissen-wollen-unser kommen-BV
Wir wollten wissen.

Biz bil-gi-biz kel-be-j-t.
wir wissen-wollen-unser kommen-nicht-GZ-er
Wir wollen nicht wissen.

Manchmal steht das Verb „wollen“ auch allein, z. B. in „Ich will nicht“. In diesem Fall ist der Gebrauch des Verbs kel- unmöglich, dann wird das Verb qaala- gebraucht. Es bedeutet immer „wollen“ oder „wünschen“ und kommt in der wörtlichen Rede nicht so oft vor.

Men qaala-ba-j-m.
ich wollen-nicht-GZ-ich
Ich will nicht.

Eger qaala-sangar, men kel-e-min.
wenn wollen-Sie, ich kommem-GZ-ich
Wenn Sie wollen, komme ich.

Modalverben: Wollen, Können, Müssen …

Können und Dürfen

Es gibt im Kirgisischen keine Wörter, die mit die deutschen „können" und „dürfen" gleichbedeutend wären; es gibt auch keinen wesentlichen Unterschied zwischen diesen Begriffen. Alle Konstruktionen, die hier aufgeführt sind, bedeuten einfach eine Möglichkeit etwas zu tun. Je nach Zusammenhang kann damit eine Fähigkeit, Möglichkeit oder Erlaubnis gemeint sein. Wir werden nur die einfachste und häufigste Konstruktion betrachten.

Das Bedeutungsverb hat die Zeitsilben der Gegenwart-Zukunft -a- (-e-, -o-, -ö-) / -j- und keine Personalendungen. Dieses Verb ist ungebeugt, in allen Personen gleich. Als Modalverb dient das Tätigkeitswort al- („nehmen"), das Person, Zeit und Verneinung zeigt, es wird in der Gegenwart-Zukunft und in der bestimmten Vergangenheit gebeugt. Das Schema ist:

Verbstamm + GZ **al** + Endungen
(der Person, der Zeit, der Verneinung)

Tschygh-a al-a-myn.
ausgehen-GZ nehmen-GZ-ich
Ich kann (darf) ausgehen.

Kir-e al-a-syng.
eingehen-GZ nehmen-GZ-du
Du kannst (darfst) reinkommen.

Oqu-j al-a-t.
lesen-GZ nehmen-GZ-er
Er kann (darf) lesen.

Oqu-j al-ba-dy-m.
lesen-GZ nehmen-nicht-BV-ich
Ich habe (es) nicht lesen können.

Bar-a al-ba-j-syng.
gehen-GZ nehmen-nicht-GZ-du
Du kannst nicht gehen.

Al-a al-ba-dy-ng.
nehmen-GZ nehmen-nicht-BV-du
Du hast (es) nicht nehmen können.

„müssen“ und „sollen“

Im Kirgisischen gibt es auch keine Tätigkeitswörter, die den deutschen „müssen“ und „sollen“ entsprechend wären. Es gibt auch keinen wesentlichen Unterschied zwischen „müssen“ und „sollen“. Alle Konstruktionen, die diesen Tätigkeitswörtern entsprechen, bedeuten einfach, dass es notwendig, vorgeschrieben oder erforderlich ist, etwas zu tun.

Wir werden in diesem Buch zwei miteinander ähnliche Konstruktionen verwenden. Wenn ein Mensch etwas machen muss (oder soll), wird dieser Mensch mit einem persönlichen Fürwort oder mit einem Hauptwort genannt (diese Wörter können auch fehlen). In dem Falle benutzt man das Schema:

Verbalsubstantiv +
besitzanzeigende Endung
+ **kerek** *(„notwendig“)*

Men ketisch-im kerek.
ich Gehen-mein notwendig
Ich muss (soll) gehen.

Men dary zakaz beresch-im kerek.
ich Arznei Bestellung Geben-mein notwendig
Ich soll Arznei bestellen.

Modalverben: Wollen, Können, Müssen ...

Al siz-den ketschirim surasch-y kerek.
er Sie-6 Entschuldigung Bitten-sein notwendig
Er muss sich bei Ihnen entschuldigen.

Siz uschul ajaldama-dan tüschüsch-üngüz kerek.
Sie diese Haltestelle-6 Aussteigen-Ihr notwendig
Sie sollen an dieser Haltestelle aussteigen.

Wenn es keine handelnde Person gibt („man muss", „man soll"), ist das Schema:

Verbalsubstantiv
\+ **kerek** *(„notwendig")*

Die Verbalsubstantive in diesem Schema und in dem vorherigen sind verschieden. Im Kirgisischen gibt es natürlich Bedeutungsnuancen zwischen diesen zwei Varianten, für uns aber sind sie nicht wesentlich. Es ist nur wichtig, nicht zu vergessen, dass in der ersten Variante (mit einer besitzanzeigenden Endung) das Verbalsubstantiv die Endung -sch hat und in der zweiten (mit „man" im Deutschen) – die Endung -oo, -öö, -uu, -üü.

Pasport-tu kim-ge körsötüü kerek?
Pass-4 wem Zeigen notwendig
Wem soll man den Pass zeigen?

Wratsch-ty üj-gö tschaqyruu kerek.
Arzt-4 Haus-3 Rufen notwendig
Man soll einen Arzt zu Hause anrufen.

Mejmanqana-dan tschyghyp tölöö kerek.
Hotel-6 verlassend Bezahlen notwendig
Man muss bezahlen, wenn man das Hotel verlässt.

Qantscha tölöö kerek?
wie-viel Bezahlen notwendig
Wie viel soll man bezahlen?

Zusammengesetzte Tätigkeitswörter

Im Kirgisischen gibt es zwei Arten von zusammengesetzten Tätigkeitswörtern: „Hauptwort (oder Eigenschaftswort) + Tätigkeitswort" und „Tätigkeitswort + Tätigkeitswort". Die erste Art besteht auch im Deutschen, z. B. „Platz nehmen" (anstatt „sich setzen") oder „krank werden (anstatt „erkranken"). Ähnliche kirgisische Tätigkeitswörter sind:

dshoop ber- *Antwort geben*	antworten
dshardam ber- *Hilfe geben*	helfen
dajar qyl- *bereit machen*	vorbereiten
dem al- *Atem nehmen*	sich erholen
dshoq bol- *Not sein*	fehlen
bajqas al- *Beobachtung nehmen*	bemerken

Für die zweite Art zusammengesetzter Tätigkeitswörter kennt das Deutsche keine Entsprechung. Diese Tätigkeitswörter bestehen, wie in der Momentgegenwart, aus einem Bedeutungsverb und einem Hilfsverb.

Die Bedeutungsverben haben die Endungen -p (nach Selbstlauten) oder -yp, -ip, -up, -üp (nach Mitlauten), diese Form entspricht ungefähr der deutschen Verlaufsform der Gegenwart (Partizip I). In der Wort-für-Wort-Übersetzung werden diese Endungen als P1 bezeichnet. Die verschiedenen Hilfsverben verlieren ihre gewöhnliche Bedeutung, sie werden nicht übersetzt und verändern sich nach Personen und Zeiten.

utsch-up kel-
fliegen-P1 kommen
anfliegen

utsch-up ket-
fliegen-P1 (weg)gehen
fortfliegen

sat-yp al-
verkaufen-P1 nehmen
kaufen

ajt-yp dshür-
sagen-P1 handeln
erzählen

Men bul qyzyqtuu kitep-ti oqu-p tschyq-ty-m.
ich dieses interessant Buch-4 lesen-P1 ausgehen-BV-ich
Ich las dieses interessante Buch.

Men qoschun-am-dy qonoq-qo tschaqyr-yp qoj-du-m.
ich Nachbar-mein-4 Gast-3 einladen-P1 stellen-BV-ich
Ich lud meinen Nachbarn zu Besuch ein.

Verhältniswörter

Im Unterschied zum Deutschen stehen Verhältniswörter im Kirgisischen immer nach dem Hauptwort, auf das sie sich beziehen, sie werden daher nicht „Präpositionen“, sondern „Postpositionen“ genannt. Aber nicht immer entspricht einer deutschen Präposition eine Postposition im Kirgisischen, oftmals steht das betreffende Hauptwort einfach in einem bestimmten Fall:

Schaar-gha *Stadt-3*	in die Stadt
Berlin-den *Berlin-6*	aus Berlin
Bischkek-te *Bischkek-5*	in Bischkek

Die Mehrheit der Verhältniswörter vereinigt sich mit dem 1. Fall der Hauptwörter. Es gibt aber Verhältniswörter, die anderer Fälle bedürfen, die Nummer des Falls steht in Klammern. Wenn keine Zahl in Klammern angegeben ist, steht das betreffende Hauptwort im 1. Fall.

Darüber hinaus gibt es ziemlich viele weitere Verhältniswörter. Die wichtigsten sind:

arqyluu	durch, per
ary (6)	von, weiter
baschqa (6)	außer
beri (6)	während
bojuntscha	nach, laut, in
dejre	bis
dshönündö	über, bezüglich
ilgeri	vor (zeitl.)
murda (6)	vor
qaraj (3)	zu
kijin (6), **song** (6)	nach (zeitl.)

menen	mit
söröj	wie, ebenso wie
syjaqtuu	wie, ähnlich
ütschün	für
tschejin (3)	bis

Es gibt noch ein Verhältniswort, das dem Gesetz der Lautharmonie unterliegt und immer mit dem Hauptwort zusammen geschrieben wird:

-syz, -siz, -suz, -süz	ohne

Einige Beispiele:

Al dos-u menen kel-di.
er Freund-sein mit kommen-BV
Er kam mit seinem Freund.

Biz awtobus menen bar-a-byz.
wir Bus mit fahren-GZ-wir
Wir werden mit dem Bus fahren.

Men uschu-nu potschta arqyluu al-dy-m.
ich das-4 Post per bekommen-BV-ich
Ich bekam das per Post.

Biz-den baschqa kim kel-di?
wir-6 außer wer kommen-BV
Wer kam außer uns?

Bul men ütschün emes-pi?
das ich für nicht-?
Ist das für mich?

Menim dos-um kompjuter bojuntscha dshaqschy adis.
mein Freund-mein Computer in guter Fachmann
Mein Freund ist ein guter Computerfachmann.

Qyrghyzstan-dan turist abdan qyzyqtuu anyn ölkö dshönündö ajtyp ber-di.
Kirgisistan-6 Tourist sehr interessant sein Land über gesagt geben-BV
Ein Tourist aus Kirgisistan erzählte sehr interessant über sein Land.

Eki kün ilgeri men tyjaqta bol-du-m.
zwei Tag vor ich dort sein-BV-ich
Ich war dort vor zwei Tagen.

Isch-ten song bar-a-m.
Arbeit-6 nach gehen-GZ-ich
Ich werde nach der Arbeit gehen.

Men ketsch-ke tschejin munu qyl-a-myn.
ich Abend-3 bis das-4 machen-GZ-ich
Ich werde es bis zum Abend machen.

Eine Reihe von Verhältniswörtern sind ursprünglich Ortsangaben, die durch Beugung zu Richtungsangaben werden. Die wichtigsten dieser Verhältniswörter sind von den folgenden Hauptwörtern abgeleitet:

ald	Vorderteil
ast	Unterteil
itsch	Inneres
dshan	Seite
üst	Oberteil

Verhältniswörter

Das Hauptwort, dem ein solches Verhältniswort folgt, steht gewöhnlich im 2. Fall.

ald

üjdün ald-y-na zum Haus (von vorn)
üjdün ald-y-nda vor dem Haus
üjdün ald-y-nan vom Haus

ast

dsher ast-y-na unter die Erde
qardyn ast-y-nda unter dem Schnee
stoldun ast-y-nan unter dem Tisch hervor

itsch

üjdün itsch-i-ne ins Haus
üjdün itsch-i-nde innerhalb des Hauses
üjdün itsch-i-nen aus dem Haus

dshan

üjdün dshan-y-na zum Haus (von der Seite)
üjünün dshan-y-nda neben dem Haus
menin dshan-ym-dan von mir

üst

stoldun üst-ü-nö auf den Tisch
stoldun üst-ü-ndö auf dem Tisch
stoldun üst-ü-nön über den Tisch

Stol-dun üstünö bul qoj.
Tisch-2 auf das leg
Leg das auf den Tisch.

Daraq astynda oturghutsch bar.
Baum unter Bank es-gibt
Unter dem Baum ist eine Bank.

Men üj-dün dshanynda tur-a-m.
ich Haus-2 neben stehen-GZ-ich
Ich stehe neben dem Haus.

Mektep itschinde bir bölmö bar.
Schule innerhalb ein Zimmer es-gibt
Innerhalb der Schule gibt es ein Zimmer.

Bindewörter

Bindewörter verbinden einzelne Wörter, Satzteile und ganze Sätze. Die kirgisischen Bindewörter sind nicht immer eigenständige Wörter, sondern können auch Wortverbindungen und sogar Endungen der Verbformen sein.

dshana, da, menen	und
daghy	noch
biroq	aber
antkeni	weil, dann, da
sebebi	aufgrund
eger, bolboso	wenn, falls
oschonduqtan	daher
andyqtan	deswegen

Bindewörter

dshe	oder
dshe ... dshe ...	entweder ... oder ...
qarschy, qarabastan	trotzdem
ütschün	um zu
dep	dass
da ... da	sowohl ... als auch
birde ... birde	bald ... bald
al emi	was betrifft
andaj bolso da	obgleich
andan song	danach
birdej	daneben

Men al kel-di dep bil-e-m.
ich er kommen-BV dass wissen-GZ-ich
Ich weiß, dass er kam.

Dshaj kel-di, biroq kün suuq.
Sommer kommen-BV, aber Wetter kalt
Es ist Sommer, aber das Wetter ist kalt.

Siz-ge daghy emne kerek?
Sie-3 noch was nötig
Was brauchen Sie noch?

Dshetintschi trolejbus-qa dshe toghuzunchu awtobus-qa tüsch-üngüz.
siebte O-Bus-3 oder neunte Bus-3 setzen-Sie-sich
Fahren Sie mit dem siebten O-Bus oder dem neunten Bus.

„und“

Dshaz dshana dshaj bat öt-tü.
Frühling und Sommer schnell vergehen-BV
Frühling und Sommer vergingen schnell.

Al menen dos-u birge ischte-j-t.
er und Freund-sein zusammen arbeiten-GZ-sie
Er und sein Freund arbeiten zusammen.

Sen da bar-a-syng.
du und gehen-GZ-du
Und du (du auch) gehst.

„wenn“, „falls“

Das Suffix -sa-, -se-, -so-, -sö- (+ Personalendungen) kennzeichnet eine Handlung als bedingt.

Asan-dy kör-sö-m, a-gha salam ajt-a-m.
Asan-4 sehen-falls-ich, er-4 Gruß sagen-GZ-ich
Falls ich Asan sehe, bestelle ich ihm einen Gruß.

Dykön-gö bar-sa-ng, süt ala kel.
Laden-4 gehen-falls-du, Milch nehmend komm
Falls du in den Laden gehst, nimm Milch mit.

Wokzal-gha bar-sa-m, pojezd dshönö-dü.
Bahnhof-4 kommen-wenn-ich, Zug gehen-BV
Als ich zum Bahnhof kam, war der Zug schon abgefahren.

Fragen

Man unterscheidet wie im Deutschen zwischen Entscheidungs- und Ergänzungsfragen.

Entscheidungsfragen – also Fragen, auf die man nur mit „ja“ oder „nein“ antworten kann – werden gebildet, indem an das letzte Wort des entsprechenden Aussagesatzes die Fragepartikel -by (-bi, -bu, -bü, -py, -pi, -pu, -pü) angefügt wird. (Der Selbstlaut entspricht dem GHL, der Mitlaut b steht nach einem Selbstlaut oder einem stimmhaften Mitlaut, p steht nach einem stimmlosen Mitlaut.) Diese Fragesätze haben keine Fragewörter. Die Wortfolge des Fragesatzes ist wie im Aussagesatz, sie verändert sich nicht. Die Fragepartikel ist immer unbetont.

Bul imarat mejmanqana. *dieses Gebäude Hotel* Dieses Gebäude ist ein Hotel.	**Bul imarat mejmanqana-by?** *dieses Gebäude Hotel-?* Ist dieses Gebäude ein Hotel?
Erteng kün salqyn bol-o-t. *morgen Tag kühl sein-GZ-er* Morgen wird ein kühler Tag sein.	**Erteng kün salqyn bol-o-bu?** *morgen Tag kühl sein-GZ-?* Wird morgen ein kühler Tag sein?

Auf diese Fragen kann man mit ooba (ja) oder dshoq (nein) antworten (im Prinzip kann man auch nur mit ooba oder dshoq antworten).

Ooba, bul imarat mejmanqana. *ja, dieses Gebäude Hotel* Ja, dieses Gebäude ist ein Hotel.	**Dshoq, erteng kün suuq bol-o-t.** *nein, morgen Tag kalt sein-GZ-er* Nein, morgen wird ein kalter Tag sein.

Ergänzungsfragen

Ergänzungsfragen werden mit Fragewörtern gebildet. Diese Fragesätze fordern einen vollständigen Satz als Antwort.

Das Fragewort steht nicht wie im Deutschen am Satzanfang, sondern vor dem Tätigkeitswort, also an vorletzter Stelle. In einem Satz ohne Tätigkeitswort steht es demnach am Satzende. Einige Fragewörter können Endungen verschiedener Fälle haben. Dadurch verändert sich ihre Bedeutung entsprechend.

Fragewörter

kim?	wer?
kimdin? *wer-2*	wessen?
kimge? *wer-3*	wem?
kimde? *wer-5*	bei wem?
kimden? *wer-6*	von wem?
ne?, emne?	was?
qandaj?	welcher?
qajsy?	wie, welcher?
qantscha? / netsche?	wie viel?
qajda? *welch-5*	wo?, wohin?
qajdan? *welch-6*	wovon?
qatschan?	wann?
emne ütschün?	warum?

Das Wort qaj (welch) wird selbstständig nur selten gebraucht.

Fragen

Ekskursija qatschan bol-o-t?
Ausflug wann sein-GZ-er
Wann wird der Ausflug sein?

Bügün kün kandaj bol-o-t?
heute Wetter welches sein-GZ-er
Wie wird das Wetter heute?

Sen qajda tur-a-syng?
du wo wohnen-GZ-du
Wo wohnst du?

Bul mejmanqana-da qantscha bölmö bar?
dieses Hotel-5 wie-viel Zimmer es-gibt
Wie viele Zimmer gibt es in diesem Hotel?

Dshajynda sen qajda es-al-a-syng?
im-Sommer du wo sich-erholen-GZ-du
Wo erholst du dich im Sommer?

Dshajky-otpusk qatschan baschtal-a-t?
Sommer-Urlaub wann beginnen-GZ-er
Wann beginnt der Sommerurlaub?

Qajda bar-a-syng?
wohin gehen-GZ-du
Wohin gehst du?

Awtobus saat netsche-de dshönö-j-t?
Bus Uhr wie-viel-5 abfahren-GZ-er
Um wie viel Uhr fährt der Bus ab?

Fragen nach dem Alter

Im Kirgisischen haben Fragen nach dem Alter kein Tätigkeitswort. Das Fragewort qantscha? (wie viel?) steht vor dem Wort dshasch (Alter) im 5. Fall. Daran werden die im Kap. „Sein" vorgestellten Personalendungen angehängt.

Qantscha dshasch-ta-syng?
wie-viel Alter-5-du
Wie alt bist du?

Qantscha dshasch-ta-syz?
wie-viel Alter-5-Sie
Wie alt sind Sie?

Al qantscha dshasch-ta?
er/sie wie-viel Alter-5
Wie alt ist er/sie?

Man antwortet, indem man das Fragewort durch die entsprechende Zahl und auch die Personalendung durch die in der Antwort passende austauscht:

Dshyjyrma segiz dshasch-ta-myn.
zwanzig acht Alter-5-ich
Ich bin 28 Jahre alt.

Al otuz besch dshasch-ta.
er/sie dreißig fünf Alter-5
Er/sie ist 35 Jahre alt.

Auffordern und Befehlen

Im Kirgisischen gibt es mehr Befehlsformen als im Deutschen. Wir betrachten aber nur die gewohnten für uns, man kann sie leicht auf deutsch ausdrücken, und sie sind höchstgebräuchlich.

Die einfachste Befehlsform ist für eine Person, die man duzt. Das ist der Stamm, von dem alle anderen Verbformen gebildet werden (siehe auch: Kapitel „Verben und Zeiten“ im Abschnitt „Grundform“).

Für die verneinte Form wird die unbetonte verneinende Silbe -ba-, -be-, -bo-, -bö-, -pa-, -pe-, -po-, -pö- angefügt:

dshaz!	schreibe!
dshaz-ba!	schreibe nicht!
süjlö!	sag!
süjlö-bö!	sag nicht!
oqu!	lies!
oqu-bo!	lies nicht!

Für mehrere Personen, die man duzt, stellt man nach den Stamm die Endungen: -ghyla, -gile, -ghula, -gülö (nach Selbstlauten und stimmhaften Mitlauten) und -qyla, -kile, -qula, -külö (nach stimmlosen Mitlauten). Die verneinende Silbe -ba-, -be-... steht in dieser Form und in den anderen (s. u.) zwischen dem Stamm und den Endungen:

dshaz-ghyla!	schreibt!
dshaz-ba-ghyla!	schreibt nicht!
süjlö-gülö!	sagt!
süjlö-bö-gülö!	sagt nicht!
oqu-ghula!	lest!
oqu-bo-ghula!	lest nicht!

Für eine Person, die man siezt, werden an den Stamm des Verbs die Endungen -ngyz, -ngiz, -nguz, -ngüz nach Selbstlauten und -yngyz, -ingiz, -unguz, -üngüz nach Mitlauten angefügt.

Diese entsprechen den besitzanzeigenden Endungen. In der Wort-für-Wort-Übersetzung ist zum besseren Verständnis aber die entsprechende Befehlsform angegeben.

dshaz-yngyz!	schreiben Sie!
dshaz-ba-ngyz!	schreiben Sie nicht!
süjlö-ngüz!	sagen Sie!
süjlö-bö-ngüz!	sagen Sie nicht!
oqu-nguz!	lesen Sie!
oqu-bo-nguz!	lesen Sie nicht!

Im Kirgisischen besteht auch eine Form der höflichen Mehrzahl (d. h. wenn man mehrere Personen siezt). In dieser Form werden an den Stamm des Tätigkeitswortes die Endungen -ngyzdar, -ngizder, -nguzdar, -ngüzdör nach Selbstlauten und -yngyzdar, -ingizder, -unguzdar, -üngüzdör nach Mitlauten angefügt.

dshaz-yngyzdar!	schreiben Sie!
dshaz-ba-ngyzdar!	schreiben Sie nicht!
süjlö-ngüzdör!	sagen Sie!
süjlö-bö-ngüzdör!	sagen Sie nicht!
oqu-nguzdar!	lesen Sie!
oqu-bo-nguzdar!	lesen Sie nicht!

Auffordern und Befehlen

Es gibt, wie im Deutschen, auch eine Form der Aufforderung zur gemeinsamen Aktion (z. B.: „lesen wir!"). Diese Form hat die Endungen -aly, -eli, -olu, -ölü nach Mitlauten und -jaly, -jeli, -jolu, -jölü nach Selbstlauten.

dshaz-aly!	schreiben wir!
dshaz-ba-jaly!	schreiben wir nicht!
süjlö-jölü!	sagen wir!
süjlö-bö-jölü!	sagen wir nicht!
oqu-jolu!	lesen wir!
oqu-bo-jolu!	lesen Sie nicht!

Das alles wurde aus der Kamelwolle gestrickt

Zahlen und Zählen

Die kirgisischen Zahlen werden sehr regelmäßig gebildet. Es gibt keine Ausnahmen.

Grundzahlen

0	**nol**	10	**on**
1	**bir**	11	**on bir**
2	**eki**	12	**on eki**
3	**ütsch**	13	**on ütsch**
4	**tört**	14	**on tört**
5	**besch**	15	**on besch**
6	**alty**	16	**on alty**
7	**dsheti**	17	**on dsheti**
8	**segiz**	18	**on segiz**
9	**toghuz**	19	**on toghuz**

20	**dshyjyrma**	50	**elüü**
21	**dshyjyrma bir**	60	**altymysch**
22	**dshyjyrma eki**	70	**dshetimisch**
30	**otuz**	80	**seksen**
40	**qyrq**	90	**toqson**

Die Zehnerzahlen (20, 30, 40 usw.) sind eigenständige Wörter, sie sind nicht wie im Deutschen von den entsprechenden Einerzahlen abgeleitet (z. B. „vier-zig, fünf-zig"). Die Hunderter-, Tausenderzahlen usw. werden jedoch aus der jeweiligen (vorangestellten) Einerzahl und der Zahl für „hundert" bzw. „tausend" zusammengesetzt.

Zahlen und Zählen

Die zusammengesetzten Zahlen werden lediglich durch Nebeneinanderstellen der zunächst höchsten Zahl und der dann immer kleiner werdenden Zahleinheit gebildet. Zwischen den einzelnen Zahlen steht kein Verbindungswort „und“ oder dergleichen. Das Schema ist also: Tausender – Hunderter – Zehner – Einer .

100	**(bir) dshüz**
101	**dshüz bir**
102	**dshüz eki**
103	**dshüz ütsch**
110	**dshüz on**
111	**dshüz on bir**
112	**dshüz on eki**
120	**dshüz dshyjyrma**
121	**dshüz dshyjyrma bir**
200	**eki dshüz**
201	**eki dshüz bir**
300	**ütsch dshüz**
400	**türt dshüz**
1.000	**ming**
2.000	**eki ming**
10.000	**on ming**
100.000	**dshüz ming**
1 Million	**million**

1985	**bir ming toghuz dshüz seksen besch** *eins tausend neun hundert achtzig fünf*
2019	**eki ming on toghuz** *zwei tausend zehn neun*
3668	**ütsch ming alty dshüz altymysch segiz** *drei tausend sechs hundert sechzig acht*

Zählen

Die zu zählenden Gegenstände und Personen stehen immer in der Einzahl und sind dem Zahlwort nachgestellt. Die Mehrzahlendung -lar, -ler ... ist hier überflüssig, da die Mehrzahl bereits durch das Zahlwort deutlich wird.

dshyjyrma minuta *zwanzig Minute*	20 Minuten
eki dshüz gramm *zwei hundert Gramm*	200 Gramm
köp student *viel Student*	viele Studenten

Statt einer Zahl kann auch eine unbestimmte Mengenangabe stehen.

Ordnungszahlen

Ordnungszahlen antworten auf die Fragen qantschantschy?, netschentschi? (der/die/das wievielte?). Sie werden gebildet, indem man an die Grundzahl die Endungen -ntschy, -ntschi, -ntschu, -ntschü (nach Selbstlauten) bzw. -yntschy, -intschi, -untschu, -üntschü (nach Mitlauten) anhängt.

bir	eins	**bir-intschi**	erste(r)
tört	vier	**tört-üntschü**	vierte(r)
alty	sechs	**alty-ntschy**	sechste(r)
on	zehn	**on-untschu**	zehnte(r)
qyrq	vierzig	**qyrq-yntschy**	vierzigste(r)
elüü	fünfzig	**elüü-ntschü**	fünfzigste(r)
ming	tausend	**ming-intschi**	tausendste(r)

In zusammengesetzten Zahlen verbindet sich die Endung nur zu der letzten Komponente:

125.	**dshüz dshyjyrma besch-intschi** *hundert zwanzig fünfte*
530.	**besch dshüz otuz-untschu** *fünf hundert dreißigste*

Bruchzahlen

Es gibt zwei besonders oft gebräuchliche Wörter für Bruchzahlen: „Hälfte“ und „Viertel“:

dsharym, dsharty	Hälfte
tschejrek	Viertel
bir dsharym *eine Hälfte*	1/2
ütsch tschejrek *drei Viertel*	3/4

Alle anderen Bruchzahlen werden gebildet, indem man erst den Nenner im 6. Fall beugt und dann den Zähler benennt, also andersherum als im Deutschen:

besch-ten eki *fünf-6 zwei*	2/5
toghuz-dan tört *neun-6 vier*	4/9

Wenn außer Bruchzahl noch eine ganze Zahl ergänzt werden soll, steht diese zusammen mit dem Wort bütün (ganz) vor der Bruchzahl:

eki bütün besch-ten ütsch *zwei ganz fünf-6 drei*	2 3/5
eki bütün on-don alty *zwei ganz zehn-6 sechs*	2,6

Zeit und Datum

Die beiden deutschen Begriffe „Stunde" und „Uhr" übersetzt man ins Kirgisische immer mit saat.

Uhrzeit

Saat qantscha?
Uhr wie-viel
Wie spät ist es?
(= Uhrzeit)

Netsche saat?
wie-viel Stunde
Wie viele Stunden?
(= Zeitdauer)

Azyr saat qantscha?
jetzt Uhr wie-viel
Wie spät ist es jetzt?

Saat ütsch bol-du.
Uhr drei werden-BV
Es ist drei Uhr.

Segiz dsharym bol-du.
acht Hälfte werden-BV
Es ist halb neun.

Saat besch-ten tschejrek öt-tü.
Uhr fünf-6 Viertel vergehen-BV
Es ist viertel nach fünf.

Alty-gha tschejrek qal-dy.
sechs-4 Viertel bleiben-BV
Es ist viertel vor sechs.

Wollen Sie die Uhrzeit minutengenau angeben, können Sie wie mit dem Wort „Viertel" vorgehen, d. h. es werden die Tätigkeitswörter öt- („vergehen") und qal- („bleiben") benutzt:

Azyr saat dsheti-den on ütsch minuta öt-tü.
jetzt Uhr sieben-6 zehn fünf Minute vergehen-BV
Jetzt ist es dreizehn Minuten nach sieben.

Azyr saat dsheti-ge segiz minuta qal-dy.
jetzt Uhr sieben-4 acht Minute bleiben-BV
Jetzt ist es acht Minuten vor sieben.

Zeitpunkt

Um einen Zeitpunkt zu erfragen, wird das Fragewort qantscha (wie viel) im 5. Fall gebeugt:

Saat qantscha-da?
Uhr wie-viel-5
Um wie viel Uhr?

Biz siz-di tuura saat dsheti-de küt-ö-büz.
wir Sie-3 genau Uhr sieben-5 warten-GZ-wir
Wir warten um Punkt sieben auf Sie.

Bizdin ekskursija saat bir dsharym-da büt-ö-t.
unser Ausflug Uhr eins Hälfte-5 enden-GZ-er
Unser Ausflug endet um halb zwei.

Men tört dshatym-da kel-e-m.
ich vier Hälfte-5 kommen-GZ-ich
Ich komme um halb fünf.

ketschee	gestern
bügün	heute
erteng	morgen
bürsügünü	übermorgen
erteng	(der) Morgen
kün	(der) Tag
ketsch	(der) Abend
tün	(die) Nacht
erteng menen *Morgen mit*	morgens
tüsch-tö *Mittag-5*	mittags
tüsch-tön kijin *Mittag-6 nach*	nachmittags
ketschinde	abends
tünütschündö	nachts
kündüz	tagsüber
kün sajyn *Tag jeder*	täglich
bügün erteng menen *heute Morgen mit*	heute Morgen
erteng ketschinde *morgen abends*	morgen Abend
erte	früh
ketsch	spät
ertereek	früher
ketschireek	später
dshaqynda	vor kurzem
tez	bald
azyr	jetzt
keede	manchmal
tez-tez *bald-bald*	oft
etsch qatschan *nicht wann*	nie(mals)
dajym(a)	immer
ütsch kün murun *drei Tag früher*	vor drei Tagen
ütsch kün *drei Tag*	drei Tage lang
bir kün-dön kijin *eins Tag-6 nach*	in einem Tag
bir dshuma-dan kijin *eine Woche-6 nach*	in einer Woche
bir aj-dan kijin *eins Monat-6 nach*	in einem Monat

Zeit und Datum

Wochentage	
dshuma, apta	Woche
kündör	Tage
düjschömbü	Montag
schejschembi	Dienstag
scharschembi	Mittwoch
bejschembi	Donnerstag
dshuma	Freitag
ischembi	Sonnabend
dshekschembi	Sonntag
ischembi künü	am Sonnabend
dshekschembi künü	am Sonntag

Die Monatsnamen stammen eigentlich aus dem Lateinischen, aber sie kamen direkt aus dem Russischen. Darum spricht man strenggenommen die Monatsnamen „russisch" aus, d. h. mit weichen Mitlauten. Aber im realen Leben sprechen bei weitem nicht alle Leute musterhaft. Deshalb braucht man sich darüber nicht zu sorgen.

Monate	
aj	Monat
janwar	Januar
fewral	Februar
mart	März
aprel	April
maj	Mai
ijun	Juni
ijul	Juli
awgust	August
sentjabr	September
oktjabr	Oktober
nojabr	November
dekabr	Dezember

Jahreszeiten	
dshaz	Frühling
dshaj	Sommer
küz	Herbst
qysch	Winter

Datum

Bügün aj-dyn qantscha-sy?
heute Monat-2 wie-viel-sein
Welches Datum ist heute?

In der Antwort steht, wie im Deutschen, eine Ordnungszahl und nachfolgend der Monatsname ohne Endungen.

Bügün on segiz-intschi nojabr.
heute zehn achte November
Heute ist der achtzehnte November.

Der Name des Monats kann manchmal fehlen. In diesem Fall ist das Wort tschislo (Tag, Datum) notwendig, dieses Wort kann gebeugt werden:

Al on-untschu tschislo-do ket-ti.
er zehnte Tag-5 gehen-BV
Er ging am zehnten Tag.

Bei zusammengesetzten Ordnungszahlen ist nur die Einerzahl eine Ordnungszahl, die Zehnerzahl ist lediglich eine Grundzahl.

Bügün dshyjyrma toghuzuntschu mart.
bügün zwanzig neunte März
Heute ist der neunundzwanzigste März.
In der Antwort auf die Frage qatschan? (wann?) können Hauptwörter der Zeit gebeugt werden oder eine besitzanzeigende Endung annehmen.

ötkön düjschömbü-dö *letzt Montag-5*	letzten Montag
emdigi scharschembi-de *nächst Mittwoch-5*	nächsten Mittwoch
uschul apta-da *dieser Woche-5*	in dieser Woche
bir dshyl-dan kijin *eins Jahr-6 nach*	in einem Jahr
dekabr-dyn birintschi *Dezember-2 erste*	am 1. Dezember

Men janwar aj-y-nda kel-e-m.
ich Januar Monat-sein-5 kommen-GZ-ich
Ich komme im Januar.

eki ming on segizintschi dshyl-y
zwei tausend zehn achter Jahr-sein
(Im Jahre) 2018

Men on segiz-intschi fewral-da ... tuul-du-m.
ich zehn achte Februar-5 ... geboren-sein-BV-ich
Ich bin am 18. Februar ... geboren.

Anstelle der Auslassungszeichen kann eine Jahreszahl eingesetzt werden, z. B.:

bir ming toghuz dshüz dshetimisch besch
eins tausend neun hundert siebzig fünf
1975

Mengen und Maße

Maßeinheiten und Mengenangeben stehen wie Zahlen immer vor dem Hauptwort, auf das sie sich beziehen. Wie beim Zählen steht der gezählte bzw. gemessene Gegenstand immer in der Einzahl.

köp	viel
az	wenig
etsch nerse *kein Ding*	nichts
bir az *eins wenig*	ein bisschen
kee bir *einiger eins*	einige
bardyq	alles

gram	Gramm
kilo(gram)	Kilo(gramm)
litr	Liter
metr	Meter
kilometr	Kilometer
dshüz gram	100 Gramm
dsharym kilo	1/2 Kilo

daana	Stück
banka	Dose
dchup	Paar
qutu	Schachtel
tangghaq	Tüte
bötölkö	Flasche

Magha bir bötölkö süt ber-ingiz.
mir eins Flasche Milch geben-Sie
Geben Sie mir bitte eine Flasche Milch.

Am See Ysyk-Köl

Kurz-Knigge

Die meisten Kirgisen sind Muslime, aber nicht alle, und der Islam ist hier nicht so streng wie bei den arabischen Völkern. Dennoch sollte man in einigen Fragen etwas sensibel dafür sein, zum Beispiel im Umgang mit dem anderen Geschlecht. Wenn man mit lokalen Bräuchen nicht vertraut ist, ist es das einfachste, den Anweisungen des Gastgebers zu folgen.

Eine der unwandelbaren Traditionen des lokalen Lebens ist die Gastfreundschaft. Kirgisen sagen: qonoqtuu üjdö qut bar „der Gast ist ein Segen des Hauses". Seit langer Zeit hat jeder, dessen Weg durch ein kirgisisches Dorf (ajyl) führte, es nicht verlassen, ohne dass ein Einheimischer ihn eingeladen hätte, mit ihm seinen Tisch und sein Dach zu teilen. Eine Einladung zum Mittag- oder Abendessen auszuschlagen oder abzusagen, wird hier nicht akzeptiert.

In Kirgisistan ist es nicht üblich, „mit der Tür ins Haus zu fallen", also gleich Fragen zu stellen oder nach dem Ziel der Ankunft zu fragen. Zuerst ein Gespräch und ein Tisch, und dann alles andere.

Frauen sitzen normalerweise nicht an einem Tisch mit Männern, aber unter städtischen Bedingungen funktioniert diese Regel oft nicht.

Bei Tisch ist es nicht üblich, den Frauen Komplimente zu machen oder ihre Schönheit zu bewundern. Sich jedoch für die Angelegenheiten der Familie und das Wohlbefinden ihrer Mitglieder zu interessieren, ist hingegen durchaus angemessen.

Ein bedeutendes Element im kirgisischen Leben und Alltag ist der Tee und die Teezeremonie. Das Brauen dieses wirklich großen Getränks des Landes, ebenso wie seinen Gästen einzuschenken, ist das Vorrecht der Männer, vor allem des Hausbesitzers.

Die Teestube (tschajqana) ist ebenso ein unverwechselbares Element lokaler Traditionen wie der Tee selbst. Das öffentliche Leben findet in Moscheen, auf dem Basar und natürlich in Teestuben statt. Hier unterhält man sich, verhandelt, entspannt sich und teilt Nachrichten, frühstückt und isst Mittag, diskutiert die Probleme des Lebens und der Weltordnung.

Trotz der islamischen Tradition trinken die meisten Kirgisen Alkohol, zumindest wenn Gäste da sind. Während der Fastenzeit (ramazan) ist es allerdings nicht zu empfehlen, alkoholische Getränke zu trinken. Wenn Sie keine starken alkoholischen Getränke (z. B. Wodka) trinken möchten, sagen Sie es im Voraus. Niemand wird sich darüber aufregen.

Im Gespräch sind Kirgisen in der Regel ziemlich einfach und direkt. Manche halten sie für naiv, aber das ist völlig übertrieben. Die Einheimischen sind einfach daran gewöhnt, Menschen zu vertrauen, es ist eine jahrhundertealte Tradition, die man als Gast auch nicht brechen sollte.

Sie äußern gewöhnlich ohne viele Umschweife, was sie denken und sind ungekünstelt. Auch als Fremder kann man mit ihnen geradeheraus und lässig umgehen. (Eine Ausnahme sind vielleicht Händler auf dem Markt – Händler sind überall mehr oder weniger listig!)

Unter Männern ist es akzeptiert, allen die Hand zu drücken, auch Fremden und Milizsoldaten. Bei einem Treffen ist der Handschlag notwendig, dies gilt aber nur für Männer. Frauen und Personen, die weiter weg sitzen, begrüßt man üblicherweise mit der rechten Hand auf dem Herzen und einer höflichen Verbeugung.

Europäische Touristinnen sollten sich in Kirgisistan so benehmen wie auch in anderen islamischen Ländern, wo die Frau dem Mann nicht gleichgestellt ist: je bescheidener, desto besser. Es ist zu empfehlen, sich zurückhaltend zu kleiden und zu verhalten, und nach Möglichkeit als Frau mit unbekannten Männern nicht zu sprechen. Abends nicht ohne Mann in Vergnügungsstätten gehen, und erst recht nicht Alkohol trinken! Wenn man diese Regeln nicht befolgt, können einem Unannehmlichkeiten entstehen.

Wenn Sie das Haus oder die Teestube betreten, sollten Sie auf jeden Fall die Schuhe ausziehen. Der Stil der Kleidung ist ansonsten ziemlich leger, trotzdem ist es nicht zu empfehlen, Shorts zu tragen, besonders auf dem Lande. Auch wenn Sie Kultstätten besuchen, sollen Sie nicht unnötig offene oder kurze Kleidung tragen.

Auf dem Lande duzt man sich in der Regel gegenseitig. In den Städten sollte man fremde Leute siezen, vor allem wenn sie älter sind als man selbst.

Kirgisen werden auch jedem Fremden in fast jeder Frage helfen. Seien Sie zum Beispiel nicht überrascht, wenn Sie etwa ein Hotel

Fischstand in Tschoponata

suchen, werden Ihnen ein paar freundliche Menschen auf einmal helfen wollen, und Sie werden ziemlich viel persönliche Zeit miteinander verbringen. Einem Menschen zu helfen und gleichzeitig mit ihm über das Leben zu plaudern – diese Gelegenheit wird kein Kirgise verpassen.

Die Einstellung zur Zeit ist in Kirgisistan ziemlich ruhig; niemand ist in Eile. Wenn ein Kirgise warten muss, zum Beispiel auf den Bus, wird er nicht nervös an der Haltestelle. Er wird ein spannendes Gespräch mit einem ebenfalls Wartenden beginnen oder sich einfach nur entspannen.

Kirgisen sind ein sehr geselliges Volk. Hier zögert niemand, mit einem Fremden direkt auf der Straße zu sprechen und fast sofort nach der Bekanntschaft auch persönliche Fragen über die Ehe und die Anwesenheit von Kindern zu stellen. Sie sind aber auch ein gastfreundliches Volk. Es ist üblich, den Gast zu seinem Haus einzuladen. Die Einladung auszuschlagen ist eine Respektlosigkeit, eine Beleidigung.

Bei einem Besuch werden Sie immer am Tisch sitzen und das beste, was im Haus ist, genießen. In der Kultur der Kirgisen ist es üblich, zuerst den Gast zu bewirten, ein gemächliches Gespräch zu gemeinsamen Themen zu führen und erst dann zu geschäftlichen Angelegenheiten zu kommen oder persönliche Fragen zu stellen.

Namen und Anrede

Kirgisische Personennamen bestehen traditionsgemäß aus dem Vornamen (at, ysm, ysym) und dem Nachnamen (familija).

Obwohl die Kirgisen nicht so zahlreich sind, gibt es Hunderte kirgisische Vornamen. Viele von ihnen sind gewöhnliche kirgisische Wörter mit konkreter Bedeutung, z. B.: Aziz (geschätzt), Almaz (Diamant), Baqyt (Glück), Qubat (Kraft), Schajyr (lustig), Ajna (Spiegel), Roza (Rose), Tscholpon (Stern) usw.

Vorname

Es gibt keine äußerlichen Merkmale, ob ein Name männlich oder weiblich ist. Aber wenn ein Name -bek, -qul, -baj, -chun am Ende hat, ist er männlich, und weibliche Namen haben oft -gül, -kün, -chan am Ende.

Nachname

Die Männernachnamen werden aus männlichen Vornamen mit den Endungen -ow oder -ew (seltener) gebildet. Das GLH ist dabei nicht gültig, z. B.: Qasym-ow, Sadyq-ow, Beksen-ow, Omurbaj-ew, Bekboj-ew. Die Frau erhält den Nachnamen ihres Ehemannes mit der ergänzenden weiblichen Endung -a. D. h., die obengenannten Nachnamen lauten für Frauen: Qasym-owa, Sadyq-owa, Beksen-owa, Omurbaj-ewa, Bekboj-ewa.

Söhne in einer Familie erben den Nachnamen des Vaters, die Töchter entsprechend den Nachnamen der Mutter (mit der Endung -a). Heiratet die Tochter, erhält sie dann wiederum den Nachnamen des Ehemanns plus der Endung -a. Sie heißt dann z. B. nicht mehr Qasym-owa, sondern Sadyq-owa, weil der Nachname des Mannes Sadyq-ow lautet.

Nachnamen gibt es erst seit dem 20. Jahrhundert. Sie werden nach russischem Vorbild mit den Endungen **-ов,-ев** *gebildet. Aber die Kirgisen haben keinen Brauch, den Nachnamen von Generation zu Generation weiterzugeben. Sie können sich also auch ändern, ganz nach Wunsch der betreffenden Person.*

Anrede

Wenn man sich als Tourist in Kirgisistan befindet, besser nur jüngere Personen und nahe Bekannte duzen, alle anderen sollte man siezen. So ist es aber nur in europäisierten Zentren (Bischkek, Osch, Karakol, Dschalal-Abad). In der Provinz hingegen sind die Leute einfach und ungekünstelt – dort können Sie getrost alle Menschen duzen. Als Tourist kann man sich in der Provinz auch einfacher benehmen. Als Provinz können alle Orte außer den vier oben genannten gelten.

Im Kirgisischen gibt es verschiedene Anreden, die vom Alter und vom Geschlecht, von der offiziellen oder inoffiziellen Sprechsituation abhängen. Wendet man sich an ältere unbekannte Menschen, nennt man sie:

aghaj	älterer Bruder; Onkel
bajke	älterer Vetter
dshengej	Tante
edshej	ältere Schwester

Jüngere unbekannte Menschen (aber keine Kinder) nennt man:

ini-m *jüngerer-Bruder-mein*	Bruder
singdi-m *jüngere Schwester-meine*	Schwester

Unbekannte Kinder nennt man:

uul-um *Sohn-mein*	Sohn
qyz-ym *Tochter-meine*	Tochter

Nahe Freunde und Bekannte nennt man einfach beim Vornamen.

Es gibt auch andere Anredeformen. Aus der sowjetischen Zeit stammt die Anrede beim Vornamen mit Vatersnamen. Der Vatersname hat die Suffixe -owitsch, -ewitsch (für Männer) und -owna, -ewna (für Frauen): Almaz Asanowitsch, Farida Turghunbajewna.

In letzter Zeit kommen die alten Anreden mit den Wörtern myrza (Herr) und myrza-ajym (Frau) wieder auf, die gewöhnlich nach den Nachnamen gestellt werden.

Begrüßen und Verabschieden

Es gibt im Kirgisischen viele Begrüßungen für verschiedene Personen und verschiedene Situationen. Sie hängen unter anderem von der Religion und dem Alter der Person ab.

Begrüßen

Gläubige (und in letzter Zeit nicht nur sie) begrüßen sich mit der islamischen Begrüßung, die auf Arabisch etwa „Friede sei mit dir / euch" bedeutet. Sie hat einige Varianten in der Umgangssprache:

Salam alejküm!	Guten Tag! *(Anrede)*
Assalam alejküm!	Guten Tag! *(Anrede)*
Assalam alejki!	Guten Tag! *(Anrede)*
Alejküm assalam!	Guten Tag! *(Antwort)*
Alejki assalam!	Guten Tag! *(Antwort)*

Leute, die nicht so tief religiös sind, kürzen das alles ab bis auf:

Salam!	Hallo!

Es gibt noch viele weitere Begrüßungsformeln. Wenn per Du ist, sagt man:

Mit einem Smartphone können Sie sich die Sätze dieses Kapitels anhören. Scannen Sie einfach den QR-Code mit Hilfe einer kostenlosen App (z. B. „Barcoo" oder „Scanlife").

Begrüßen und Verabschieden

Salamat-syngar.
gesund-ihr-seid
Guten Tag!

Aman-syng-by?
wohlbehalten-bist-?
Guten Tag!

Dshaqschy-by?
gut-?
Guten Tag!

Wenn man per Sie ist, heißt es etwas höflicher:

Qandaj tur-a-syz?
wie leben-GZ-Sie
Wie geht es Ihnen?

Dshaqschy-syz-by?
gut-Sie-sind-?
Guten Tag!

Qandaj-syz?
wie-Sie-sind
Wie geht es Ihnen?

Den-sooluq qandaj?
Gesundheit wie
Wie geht's?

Die Antwort auf die Begrüßungsfragen kann sowohl im ersten Fall als auch im zweiten gleich sein:

Yraqmat, dshaqschy.
danke, gut
Danke, gut.

Dshaman emes.
schlecht nicht
Nicht schlecht.

Eng dshaqschy.
sehr gut
Sehr gut.

Es gibt noch andere höfliche Begrüßungsformeln:

Sizdi körgönümö ötö qubanytschta-myn.
Sie-4 sehen sehr froh-bin
Ich bin sehr froh, Sie zu sehen.

Isch-ingiz qandaj?
Sache-Ihre wie
Wie geht es?

Üj-bülö-ngüz qandaj?
Familie-Ihre wie
Wie geht es Ihrer Familie?

Qandaj dshaghymduu kezdeschüü!
wie angenehm Begegnung
Was für eine angenehme Begegnung!

Sizdi kezdeschtirgenme qursant-myn!
Sie-4 begegnen zufrieden-ich
Sehr angenehm, Sie zu sehen!

verabschieden

Die gewöhnlichen Abschiedsformeln sind:

Qosch!, Qoschunguz!, Qosch-bol!, Qajyr-qosch!
Auf Wiedersehen!, Lebe wohl!, Leben Sie wohl!

Es gibt noch viele weitere höfliche Redensarten:

(Dshaqynda) dsholunguschqan-gha!
(bald) Begegnung-3
Auf (baldiges) Wiedersehen!

Aq dshol!
heller Weg
Glückliche Reise!

Sapar bajsalduu bol-sun!
Reise ruhig sei-sie
Glückliche Reise!

Dshaqschy qal-ghyla!
gut bleibt
Alles Gute!

Aman bol-unguz!
wohlbehalten seien-Sie
Alles Gute!

Biz daghy kezdesch-e-biz.
wir noch begegnen-GZ-wir
Wir werden uns wiedersehen.

Erteng-ge tschejin!
morgen-3 bis
Bis morgen!

Floskeln und Redewendungen

Hier eine kleine Sammlung von Floskeln und feststehenden Redewendungen, die sich aus dem Deutschen nicht einfach ins Kirgisische übersetzen lassen.

Mit einem Smartphone können Sie sich die Sätze dieses Kapitels anhören.

zustimmen

Ooba.
ja
Ja.

Maqul.
einverstanden
Schon gut.

Boluptur.
schon-gut
Schon gut.

Dshaqschy.
gut
Gut.

Dsharajt.
taugen-GZ-es
Schon gut.

Men maqul-mun.
ich einverstanden-ich
Ich bin einverstanden.

Albette!
natürlich
Natürlich, gewiss!

Sözsüz!
Wort-ohne
Zweifellos!

Biz qarschy emes-piz.
wir gegen nicht-wir
Wir haben nichts dagegen.

Sizdiki tuura.
Sie-4 richtig
Sie haben recht.

Eng sonun!
sehr schön
Herrlich!

Sizdin sunusch-tu qabyl al-a-byz.
Sie-2 Vorschlag-4 Annahme nehmen-GZ-wir
Wir gehen auf Ihren Vorschlag ein.

Ooba, tschaqyruu-nu qaalap qabyl al-a-myn.
ja, Einladung-4 gerne Annahme nehmen-GZ-ich
Ja, ich nehme die Einladung gerne an.

Men da uschundaj pikir-de-min.
ich auch solcher Gedanke-5-ich
Ich bin derselben Meinung.

ablehnen

Bol-bo-j-t.
können-nicht-GZ-es
Es geht nicht.

Bul mümkün emes.
das möglich nicht
Es ist unmöglich.

Dshoq, yraqmat.
nein, danke
Nein, danke.

Men qarschy-myn.
ich gegen-bin
Ich bin dagegen.

Tilek-ke qarschy, bul dshaqschy emes.
Wunsch-3 gegen, das gut nicht
Das geht leider nicht.

Men maqul emes-min.
ich einverstanden nicht-ich
Ich bin damit nicht einverstanden.

Yraqmat, men qaala-ba-j-m.
danke, ich wollen-nicht-GZ-ich
Danke, ich will nicht.

Tilek-ke qarschy, sizdin ötünütsch-tü orundat-a al-ba-j-byz.
Wunsch-3 gegen, Sie-2 Bitte-4 erfüllen-GZ nehmen-nicht-GZ-wir
Leider können wir Ihre Bitte nicht erfüllen.

Bitten, Danken, Wünschen

Es gibt viele Floskeln für das Bitten und Danken. Aber es fehlt ein Universalwort wie das deutsche „bitte". Als Aufforderung und als Angebot verwendet man verschiedene Floskeln. Um eine Bitte einzuleiten, kann man sagen: Suranam ... „ich bitte"...

um etwas bitten

Menin siz-ge ötünütsch-üm bar.
mein Sie-4 Bitte-mein es-gibt
Ich habe eine Bitte an Sie.

Magha bul söz-dü tüschündür-üp qoj-unguz-tschu.
mir dieses Wort-4 erklären-P1 stellen-Sie!-mal
Erklären Sie mir bitte dieses Wort.

Magha dshol-du körsöt-üp qoj-unguz-tschu.
mir Weg-4 zeigen-P1 stellen-Sie!-mal
Zeigen Sie mir den Weg, bitte.

Biz-di küt-ö tur-ghula.
wir-4 warten-P1 steht(-ihr)
Wartet auf uns bitte!

Kirüü-gö mümkün-bü?
Hineingehen-3 möglich-?
Darf man hineingehen?

Kitschi-bejildik-ke, magha eki bilet ber-ip qoj-unguz-tschu.
Höflichkeit-3 mir 2 Ticket geben-P1 stellen-Sie!-mal
Geben Sie mir bitte 2 Tickets.

Qajra ajt-yngyz!
wieder sagen-Sie!
Wiederholen Sie bitte!

Magha dshardam ber-ingiz.
mir Hilfe geben-Sie!
Helfen Sie mir bitte.

Biz-di uzat-yp qoj-unguz-tschu.
wir-4 begleiten-P1 stellen-Sie!-mal
Begleiten Sie uns bitte.

Mejmanqana-gha dshol-du körsöt-üp qoj-unguz-tschu.
Hotel-3 Weg-4 zeigen-P1 stellen-Sie!-mal
Zeigen Sie bitte den Weg zum Hotel.

Mit einem Smartphone können Sie sich die Sätze dieses Kapitels anhören.

danken

Yraqmat! Yraazy-myn!
danke! dankbar-bin
Danke! Vielen Dank!

Siz-ge abdan yraazy-byz.
Sie-3 sehr dankbar-wir
Wir sind Ihnen sehr dankbar.

Dshardam ber-gen-ingiz ütschün yraqmat!
Hilfe geben-UV-Sie für danke
Danke für Ihre Hilfe!

Anstatt dshardam „Hilfe“ kann man z. B. einsetzen:

Tschaqyruu-nguz ...
Einladen-Ihr ...
... Ihre Einladung!

Sizdin belek ...
Sie-2 Geschenk ...
... Ihr Geschenk!

Quttuqta-ghan-yngyz ...
gratulieren-UV-Sie ...
... Ihre Gratulation!

Qubanytschtuu qabar ...
freudige Nachricht ...
... freudige Nachricht!

Siz abdan aq-köngül kischi eken-siz.
Sie sehr nett Mensch Sie-sind
Sie sind sehr nett.

Yrajym et-ingiz.
Barmherzigkeit (Gnade) machen-Sie
Keine Ursache! (als Antwort auf „danke")

wünschen

Majram menen quttuqta-j-m!
Fest mit gratulieren-GZ-ich
Ich gratuliere zum Fest!

Dshangy dshyl menen!
neues Jahr mit
Frohes neues Jahr!

Siz-di tuulghan-kün-üngüz menen quttuqta-j-byz!
Sie-4 Geburtstag-Ihr mit gratulieren-GZ-wir
Wir gratulieren Ihnen zu Ihrem Geburtstag!

Tschyn dshürök-tön quttuqta-j-m!
reines Herz-6 gratulieren-GZ-ich
Ich gratuliere herzlich!

Men da siz-di quttuqta-j-myn!
ich auch Sie-4 gratulieren-GZ-ich
Ich gratuliere Ihnen auch!

Baqtyluu bol-unguz!
glücklich seien-Sie!
Seien Sie glücklich!

Aq dshol!
heller Weg
Gute Fahrt!

Men siz-ge baqyt qaala-j-myn!
ich Sie-3 Glück wünschen-GZ-ich
Ich wünsche Ihnen Glück!

Wörter zum Einsetzen:

baqyt	Glück
salamattyq	Gesundheit
ijgilik	Erfolg

Das erste Gespräch

Zu Beginn eines Gesprächs können folgende Wendungen ganz hilfreich sein, um die ersten Minuten des miteinander Bekanntwerdens zu überbrücken.

sich vorstellen

Men siz menen taanysch-qan-gha yntyzar-myn.
ich Sie mit kennenlernen-UV-3 warten-ich
Ich will Ihre Bekanntschaft machen.

At-yngyz kim?
Name-Ihr wer
Wie ist Ihr Name (Vorname)?

Menin at-ym Anwar.
mein Name-mein Anwar
Mein Name ist Anwar.

Senin familija-ng kim?
dein Nachname-dein wer
Wie ist dein Nachname?

Familija-m Muratow.
Nachname-mein Muratow
Mein Nachname ist Muratow.

Bul menin küjöö-m.
das mein Mann-mein
Das ist mein Mann.

Bul menin ajal-ym.
das meine Frau-meine
Das ist meine Frau.

Kitschi-bejildik-ke, magha familija-ngyz-dy dshaz-yngyz.
Höflichkeit-3, mir Nachname-Ihr-4 schreiben-Sie
Seien Sie so nett und schreiben Sie mir Ihren Nachnamen auf.

Siz menen taanysch-qan-ym-a qubanyschta-myn.
Sie mit kennenlernen-UV-mein-GZ fröhlich-ich
Ich freue mich sehr, Sie kennenzulernen.

Herkunft

Sen qajdan kel-di-ng?
du woher kommen-BV-du
Woher kommst du?

Siz qajdan kel-di-ngiz?
Sie woher kommen-BV-Sie
Woher kommen Sie?

Men Germanija-dan kel-di-m.
ich Deutschland-6 kommen-BV-ich
Ich komme aus Deutschland.

Biz Germanija-dan kel-di-k.
wir Deutschland-6 kommen-BV-wir
Wir kommen aus Deutschland.

Awstrija-dan *Österreich-6*	aus Österreich
Schwejtsarija-dan *Schweiz-6*	aus der Schweiz
Gollandija-dan *Niederlande-6*	aus den Niederlanden
Qyrghyzstan-dan *Kirgisistan-6*	aus Kirgisistan
Qazaqstan-dan *Kasachstan-6*	aus Kasachstan
Özbekistan-dan *Usbekistan-6*	aus Usbekistan
Rosija-dan *Russland-6*	aus Russland
Qytaj-dan *China-6*	aus China

Qajsy schaar-dan kel-di-ngiz?
welche Stadt-6 kommen-BV-Sie
Aus welcher Stadt kommen Sie?

Men Berlin-den kel-di-m.
ich Berlin-6 kommen-BV-ich
Ich komme aus Berlin.

Biz Essen-den kel-di-k.
wir Essen-6 kommen-BV-wir
Wir kommen aus Essen.

Men Qyrghyzstan-gha turist qatary kel-di-m.
ich Kirgisistan-3 Tourist als kommen-BV-ich
Ich bin als Tourist nach Kirgisistan gekommen.

qabartschy	Korrespondent
ilimpoz	Wissenschaftler
soodager	Händler

Men sport delegatsija-sy menen kel-di-m.
ich Sport Delegation-ihre mit kommen-BV-ich
Ich bin mit einer Sportdelegation gekommen.

Schaar-ybyz-da qaida tur-a-syz?
Stadt-unser-5 wo wohnen-GZ-Sie
Wo wohnen Sie in unserer Stadt?

Men mejmanqana-da tur-a-myn.
ich Hotel-5 wohnen-GZ-ich
Ich wohne in einem Hotel.

Qajsy mejmanqana-da tur-a-syz?
welches Hotel-5 wohnen-GZ-Sie
In welchem Hotel wohnen Sie?

„Garden“ mejmanqana-syn-da tur-a-myn.
„Garden“ Hotel-sein-5 wohnen-GZ-ich
Ich wohne im Hotel „Garden“.

Bizdin schaar-da emne qyl-yp dshat-a-syz?
unsere Stadt-5 was machen-P1 liegen-GZ-Sie
Was machen Sie in unserer Stadt?

Bügün anyn architektura-sy-n qara-dy-m.
heute ihre Architektur-ihre-4 besichtigen-BV-ich
Heute habe ich ihre Architektur besichtigt.

Das erste Gespräch

Men Qyrghyzstan-gha birintschi dsholu kel-di-m.
ich Kirgisistan-3 erstes Mal kommen-BV-ich
Ich bin zum ersten Mal in Kirgisistan.

Qyrghyzstan siz-ge dshaq-ty-by?
Kirgisistan Sie-4 gefallen-BV-?
Wie gefällt es Ihnen in Kirgisistan?

Magha abdan dshaq-ty.
mir sehr gefallen-BV
Es gefällt mir sehr.

Bul eng uqmuschtuu ölkö.
es sehr faszinierend Land
Es ist ein faszinierendes Land.

Magha ajryqtscha ... dshaq-ty.
mir besonders ... gefallen-BV
Besonders mag ich ...

too-lor	die Berge
tabijat	die Natur
pejzash	die Landschaft
qyrghyz tamaq-tary	die kirgisische Küche
qyrghyz mejmandostuq	die kirgisische Gastfreundschaft

Beruf

Siz kim bol-up ischte-j-siz?
Sie wer als arbeiten-GZ-Sie
Was sind Sie von Beruf?

Siz adwokat-syz-by?
Sie Rechtsanwalt-Sie-?
Sind Sie Rechtsanwalt?

Dshoq, men student-min.
nein, ich Student-ich
Nein, ich bin Student.

Men wratsch-myn.
ich Arzt-ich
Ich bin Arzt.

Men pensija-da-myn.
ich Rente-5-ich
Ich bin Rentner.

dshumuschtschu	Arbeiter
qyzmattschy	Angestellte, -r
dshumuschsuz	arbeitslos
wratsch	Arzt
naabajtschy	Bäcker
dyjqan	Bauer
chimik	Chemiker
qotormotschu	Dolmetscher
fotograf	Fotograf
soodager	Händler
ischker kischi	Geschäftsmann
usta	Handwerker
üj kodshojkesi	Hausfrau
inshener	Ingenieur
shurnalist	Journalist
aschpoztschu	Koch
süröttschü	Künstler
mughalim	Lehrer, -in
mechanik	Mechaniker
muzykant	Musiker
sajasattschy	Politiker
adwokat	Rechtsanwalt
pensija aluutschu	Rentner
tikmetschi	Schneider
ötüktschü	Schuster
oquutschu	Schüler
student	Student
taksi ajdootschusu	Taxifahrer
ischker	Unternehmer
dshyghatsch usta	Zimmermann

Zu Gast sein

Falls Sie während Ihrer Reise mit Kirgisen näher bekannt werden, laden sie Sie wahrscheinlich zum Abendessen ein. Sie bekommen dann eine gute Möglichkeit, das Land und seine Leute kennenzulernen. In der kirgisischen Sprache gibt es für eine Einladung viele Ausdrücke, zum Beispiel:

Mit einem Smartphone können Sie sich die Sätze dieses Kapitels anhören.

Men siz-di qonoq-qo tschaqyr-a-myn.
ich Sie-4 Gast-3 einladen-GZ-ich
Ich lade Sie zu Besuch ein.

Biz-ge kel-ingiz, biz qubanyschta bol-o-buz.
wir-3 kommen-Sie, wir fröhlich sein-GZ-wir
Kommen Sie bitte zu uns, das macht uns Freude.

Wie man sich als europäischer Tourist benehmen sollte, wenn man zu Besuch in ein kirgisisches Haus kommt, hängt davon ab, ob dieses Haus städtisch oder ländlich ist. Eine Stadtwohnung unterscheidet sich kaum von einer europäischen, und man lebt dort wie in Europa.

Die Dorfbewohner leben – ganz traditionell – in Jurten. In einer Jurte gibt es keine Tische oder Stühle, man sitzt „türkisch", im Schneidersitz, auf einer Matte auf dem Boden.

Die meisten Leute leben jedoch in kleinen Privathäusern, in denen die Situation entweder so wie in einer Jurte ist oder – mehr oder weniger – wie in einer Stadtwohnung.

Ungewöhnlich ist auch das traditionelle kirgisische Ritual, das so genannte Omen: Nachdem sie beide Handflächen vors Gesicht gebracht und „Omen" gesagt haben, danken die Kirgisen so für den Tisch. Normalerweise wird das Omen gemeinsam durchgeführt, einschließlich der Gäste. Am Ende jeder Mahlzeit sagt der Älteste der Anwesenden oder der Ehrengast die Dankesworte, und dann machen alle, die sich versammeln, das Omen. Nach dem Omen ist Essen vom Tisch nicht üblich.

Das Omen ist ursprünglich muslimischer Herkunft, aber inzwischen längst zu einer weltlichen Tradition geworden.

Jurte am Ysyk-Köl

Zu Gast sein

Kirgisen haben den Brauch: Wenn eine Person zu Gast ins Haus gekommen ist, muss man Gastgeber sein und ihn bewirten. Verzicht wird dabei nicht akzeptiert. Die Bewirtung ist natürlich nicht auf Tee und Süßigkeiten beschränkt.

Als kleines Geschenk können Sie Ihrem Gastgeber mitbringen: ein Andenken aus Ihrem Land, eine Flasche Kognak oder Wein, eine Delikatesse, Süßigkeiten für die Kinder, vielleicht (aber nicht unbedingt) Blumen (immer eine ungerade Anzahl).

Eine junge Frau, die mit europäischen Werten aufgewachsen ist, wird sich über Blumen freuen. Für eine ältere Frau ist eher eine Schachtel Pralinen angebracht.

Suran-a-m, kel-ingiz!
bitten-GZ-ich kommen-Sie!
Bitte, bitte herein!

Qosch-kel-ingiz-der!
willkommen-Sie!-Mz
Willkommen!

Tschaj itsch-ingiz!
Tee trinken-Sie!
Trinken Sie Tee!

Paloo dshep oturunguz.
Palow essen-P1 sitzen-Sie!
Essen Sie bitte Palow.

Wenn man auf Besuch ist, wird normalerweise über die Familie und die nächsten Angehörigen gesprochen.

Bul menin uul-um.
das mein Sohn-mein
Das ist mein Sohn.

Bul menin qyz-ym.
das meine Tochter-meine
Das ist meine Tochter.

ata	Vater
ene	Mutter
agha	älterer Bruder
ini	jüngerer Bruder

edshe	ältere Schwester
qaryndasch, sindi	jüngere Schwester
tajake	Onkel
dshenge	Tante
uul	Sohn
qyz	Tochter
tschong ata	Großvater
tschong ene	Großmutter
nebire, memire	Enkel, Enkelin
er	Ehemann
ajal, qatyn	Ehefrau
küjöö	Bräutigam
qoluqtu	Braut

Üjlöngön-süz-bü?
verheiratet-Sie-?
Sind Sie (m) verheiratet?

Turmusch-ta-syz-by?
Ehe-5-Sie-?
Sind Sie (w) verheiratet?

Ooba, men üjlöngön-mün.
ja, ich verheiratet-ich
Ja, ich bin verheiratet.
(sagt ein Mann)

Ooba, menin dsholdosch-um bar.
ja, mein Ehemann-mein es-gibt
Ja, ich bin verheiratet.
(sagt eine Frau)

Dshoq, men üjlöngön emes-min.
nein, ich verheiratet nicht-ich
Nein, ich bin nicht verheiratet. (als Mann)

Dshoq, menin küjööm dshoq.
nein mein Ehemann-mein nicht-ist
Nein, ich bin nicht verheiratet. (als Frau)

Baldar-yngyz b<u>a</u>r-by?
Kinder-Ihre es-gibt-?
Haben Sie Kinder?

Baldar-ym dshoq.
Kinder-meine nicht
Ich habe keine Kinder.

Menin eki bala-m bar.
meine zwei Kind-mein es-gibt
Ich habe zwei Kinder.

<u>Uu</u>l-bu, q<u>y</u>z-by?
Sohn-?, Tochter-?
Söhne oder Töchter?

Bir uul-um, bir qyz-ym bar.
ein Sohn-mein eine Tochter-meine es-gibt
Einen Sohn und eine Tochter.

Uul-um qyz-ym-dan ütsch dshasch uluu.
Sohn-mein Tochter-meine-6 drei Jahr groß
Der Sohn ist drei Jahre älter als die Tochter.

Menin ajal-ym mughalim.
meine Frau-meine Lehrer(in)
Meine Frau ist Lehrerin.

Baldar-ybyz oqu-j-t.
Kinder-unsere lernen-GZ-sie
Unsere Kinder lernen.

Unterwegs

Kirgisistan ist hauptsächlich ein Bergland. Das Reisenetz ist recht gut entwickelt. Außer Eisenbahnen existieren zwischen den Städten auch viele Busreiserouten.

... in der Stadt

Men bul schaar-dy taqyr bil-be-j-m.
ich diese Stadt-4 überhaupt kennen-nicht-GZ-ich
Ich kenne diese Stadt überhaupt nicht.

Maalamat bjuro-su qajda bol-o-t?
Information Büro-ihr wo sein-GZ-es
Wo ist das Informationsbüro?

Tüz dshür-üngüz, andan song burul-a-syz.
geradeaus gehen-Sie dann danach wenden-GZ-Sie
Gehen Sie geradeaus und dann biegen Sie rechts ab.

Bul kötschö / ajant qandajtscha atal-a-t?
diese Straße / Platz wie heißen-GZ-er
Wie heißt diese Straße / dieser Platz?

Wokzal-gha qandajtscha dshetüü-gö bol-o-t?
Bahnhof-4 wie Erreichen-4 sein-GZ-es
Wie komme ich zum Bahnhof?

Kötschö-dön ötüütschü dsher mynda.
Straße-6 überquerende Stelle hier
Hier die Straße überqueren.

Autostopp ist nicht sehr verbreitet, aber jeder Fahrer wird sich freuen, einen Ausländer, der ein wenig Kirgisisch spricht, mitzunehmen.

Unterwegs

экскурсия	**ekskursija**	Ausflug
чыгуучу жер	**tschyghuutschu-dsher** *Ausgangs-Stelle*	Ausgang
китепкана	**kitepqana**	Bibliothek
көпүрө	**köpürö**	Brücke
эстелик	**estelik**	Denkmal
кыштак	**qyschtaq**	Dorf
кире бериш	**kire-berisch** *Aufgang*	Eingang
тар көчө	**tar kötschö** *enge Straße*	Gasse
маданият үйү	**madanijat üj-ü** *Kultur Haus-ihr*	Kulturhaus
базар	**bazar**	Markt
музей	**muzej**	Museum
жер	**dsher**	Ort, Stelle
сарай	**saraj**	Palast
парк	**park**	Park
аянт	**ajant**	Platz
сепил	**sepil**	Schloss
сонун жер	**sonun dsher** *interessanter Ort*	Sehenswürdigkeit
стадион	**stadion**	Stadion
шаар	**schaar**	Stadt
шаар планы	**schaar plan-y** *Stadt Plan-ihr*	Stadtplan
көчө	**kötschö**	Straße
театр	**teatr**	Theater
университет	**uniwersitet**	Universität
зоопарк	**zoopark**	Zoo

Biz azyr qajda bol-o-buz?
wir jetzt wo sein-GZ-wir
Wo sind wir jetzt?

Biz schaar-dyn borbor-u-nda bol-o-buz.
wir Stadt-2 Zentrum-sein-5 sein-GZ-wir
Wir sind im Stadtzentrum.

Men tarych muzej-i-ni izde-p dshat-a-m.
ich Geschichte Museum-sein-4 suchen-P1 liegen-GZ-ich
Ich suche das historische Museum.

Osch-to qajsy qyzyq nerse-ler-di biz kör-ö al-a-byz?
Osch-5 welche interessant Ding-Mz-4 wir sehen-GZ nehmen- GZ-wir
Was kann man in Osch Interessantes sehen?

Richtungshinweise

ong-gho *rechts-3*	nach rechts
sol-gho *links-3*	nach links
ong-don *rechts-6*	von rechts
sol-don *links-6*	von links
tüz	geradeaus
qajra	zurück
dshaqyn	nah
alys	weit
bul dsher-de *diese Stelle-5*	hier
qarschy	gegenüber
anda	dort, da
burtsch art-y-nda *Ecke Hinterteil-ihr-5*	um die Ecke
swetofor	Ampel
kesilisch	Kreuzung

Unterwegs

Bazar alys-py?
Markt weit-?
Ist es weit bis zum Markt?

Ooba, dshetischerdik alys.
ja, genug weit
Ja, ziemlich weit.

Abdan dshaqyn, eki dshüz metr-tsche bol-o-t.
sehr nah, zwei hundert Meter-zirka sein-GZ-er
Sehr nah, zirka zweihundert Meter.

Mynda restoran qajda?
hier Restaurant wo
Wo ist hier ein Restaurant?

Tike mangdajda.
gerade gegenüberliegende-Seite-5
Gerade gegenüber.

Kötschö-nün tigil tarab-y-nda.
Straße-2 jene Seite-ihr-5
Auf jener Seite der Straße.

Mu-nu karta-da körsöt-üngüz, sura-na-m.
das-4 Karte-5 zeigen-Sie bitten-GZ-ich
Zeigen Sie das bitte auf der Karte.

Als Kirgisistan eine Republik der Sowjetunion war, hatten viele Städte, Straßen und Plätze andere Namen. Sogar die Hauptstadt Bischkek hieß vor 30 Jahren „Frunse". Deshalb kann es passieren, dass Ihnen auch heute noch, wenn Sie nach dem Weg fragen, jüngere und ältere Leute verschiedene Antworten geben. Daran sollten Sie immer denken.

Schaar siz-ge dshaqty-by?
Stadt Sie-3 gefallen-BV-?
Hat Ihnen die Stadt gefallen?

Ooba, abdan dshaq-ty!
ja, sehr gefallen-BV
Ja, sehr!

... mit öffentlichen Verkehrsmitteln

In allen Städten gibt es mindestens eins der folgenden öffentlichen Verkehrsmittel: Bus, Trolleybus oder Routentaxi. Diese Verkehrsmittel sind natürlich nicht so bequem wie Taxis (die auch in Hülle und Fülle vorhanden sind), aber man ist damit schneller als zu Fuß und man kann praktisch jeden Punkt der Stadt kostengünstig erreichen.

In Bischkek gibt es viele Linien, und gewöhnlich kann man in Zeitungskiosken einen Linienplan kaufen. Andere Städte sind kleiner und nicht so bequem in dieser Hinsicht. Sie müssen dort die anderen Fahrgäste nach dem Weg fragen. An den Haltestellen können Sie folgende Schilder sehen:

автобус	**awtobus**	Bus
троллейбус	**trollejbus**	Trolleybus
такси	**taksi**	Taxi
остановка	**ostanowka**	Haltestelle

Bul awtobus / trollejbus qajda bar-a-t?
dieser Bus / Trolleybus wohin gehen-GZ-er
Wohin fährt dieser Bus / Trolleybus?

Bul awtobus sooda borbor-u-na tschejin bar-a-by?
dieser Bus Einkauf Zentrum-sein-3 bis gehen-GZ-?
Fährt dieser Bus zum Einkaufszentrum?

Magha / biz-ge borbor-gho tschejin baruu kerek.
mir / uns Zentrum-4 bis Gehen notwendig
Ich muss / wir müssen zum Zentrum.

Unterwegs

Wokzal-gha qajsy awtobus menen bar-a al-a-m?
Bahnhof-4 welcher Bus mit fahren-GZ nehmen-GZ-ich
Mit welchem Bus kann ich zum Bahnhof fahren?

Trollejbus-tun ajaldama-sy qajda?
Trolleybus-2 Haltestelle-sein wo
Wo ist die Trolleybushaltestelle?

Burtsch-tun art-y-nda.
Ecke-5 Hinterteil-ihr-5
Um die Ecke.

Quurtschaq teatr-y-na awtobus qatschan bar-a-t?
Puppe Theater-ihr-3 Bus wann gehen-GZ-er
Wann fährt der Bus zum Puppentheater?

Men qatschan tschyghysch-ym kerek?
ich wann Aussteigen-mein notwendig
Wann muss ich aussteigen?

Siz uschul ajaldama-dan tschyghysch-yngyz kerek.
Sie diese Haltestelle-6 Aussteigen-ihr notwendig
Sie müssen an dieser Haltestelle aussteigen.

Bagash ütschün qantscha tölösch kerek?
Gepäck für wieviel Bezahlen notwendig
Wie viel muss ich fürs Gepäck zahlen?

Osch bei Nacht

... mit dem Taxi

Sie können nicht nur Taxis, sondern auch Privatwagen anheuern. Preise und Bedienung sind ungefähr gleich. Wenn Sie nicht allzu viel bezahlen wollen, nehmen Sie sich bitte kein Taxi vor touristischen Brennpunkten wie Flughäfen oder Sehenswürdigkeiten! Hier setzen sowohl Taxifahrer als auch Privatwagenfahrer Wucherpreise fest. An touristischen Brennpunkten sind Sie mit öffentlichen Verkehrsmitteln auf jeden Fall besser beraten.

Verständigen Sie sich vor der Fahrt über den Preis!

такси	**taksi**	Taxi
маршруттук такси	**marschruttuk-taksi**	Routentaxi, Sammeltaxi
такси аялдамасы	**taksi ajaldama-sy**	Taxistand *Taxi Stand-sein*

Taksi al-aly!
Taxi nehmen-wir
Nehmen wir ein Taxi!

Im Hotel können Sie sich ein Taxi bestellen:

Kitschi-bejildik-ke, taksi tschaqyr-yp ber-ingiz.
Höflichkeit-3 Taxi rufen-P1 geben-Sie
Rufen Sie mir bitte ein Taxi heraus.

Bagash-yngyz bar-by?
Gepäck-Ihr es-gibt-?
Haben Sie Gepäck?

Ooba, bar.
ja, es-gibt
Ja, habe ich.

Men-de bir tschemodan bar.
ich-5 ein Koffer es-gibt
Ich habe einen Koffer.

Dshoq, bagash-ym dshoq.
nein, Gepäck-mein nein
Nein, ich habe kein Gepäck.

Siz qajda bar-ghy-ngyz kerek?
Sie wohin fahren-wollen-Sie notwendig
Wohin wollen Sie fahren?

Magha aeroport-qo bar kerek.
mir Flughafen-3 fahren notwendig
Ich muss zum Flughafen.

Men schasch-yp dshat-a-m.
ich eilen-P1 liegen-GZ-ich
Ich habe es eilig.

Bul dsher-de toqto-nguz.
diese Stelle-5 anhalten-Sie!
Halten Sie hier an.

Men tüsch-öm.
ich aussteigen-ich
Ich möchte aussteigen.

Qantscha tölöö kerek?
wieviel Bezahlen notwendig
Wie viel bin ich schuldig?

... mit der Eisenbahn

In Kirgisistan gibt es nicht viele Eisenbahnen – das Land ist nicht groß und sehr gebirgig. Aber außer Kurzstreckenreisen innerhalb Kirgisistans kann man nach Russland, China, Usbekistan und Kasachstan fahren.

Eine „Platzkarte" braucht man immer dann, wenn man weit fährt und auch im Zug schlafen möchte. Für „kurze" Strecken (3-4 Stunden) wählt man die preiswertere „Fahrkarte".

Eine Reise mit der Eisenbahn ist natürlich nicht so schnell, hat aber ihre Vorzüge, weil man oft interessante Bekanntschaften machen kann.

касса kassa	Schalter, Kasse
кутуу залы kütüü zal-y *Warten Saal-sein*	Wartesaal
жөнөтүү dshönötüü	Abfahrt
келүү kelüü	Ankunft

Mynda maalymat bjuro-su qajsy dsher-de?
hier Auskunft Büro-ihr welche Stelle-5
Wo ist hier das Auskunftsbüro?

Taschkent-ke pojezd qatschan dshönö-j-t?
Taschkent-3 Zug wann abfahren-GZ-er
Wann fährt ein Zug nach Taschkent ab?

Magha Taschkent-ke uqtaghan wagon-gho eki bilet ber-ingiz.
mir Taschkent-3 weich Wagen-3 zwei Fahrkarte(4) geben-Sie
Ich möchte 2 Fahrkarten 1. Klasse nach Taschkent.

Unterwegs

вокзал	**wokzal**	Bahnhof
платформа	**platforma**	Bahnsteig
жол	**dshol**	Gleis
темир жол	**temir dshol** *Eisen Bahn*	Eisenbahn
(ылдам) поезд	**(yldam) pojezd**	(Schnell-)Zug
уктаган вагон	**uqtaghan wagon** *Schlaf Wagen*	Schlafwagen
вагон-ресторан	**wagon-restoran** *Wagen-Restaurant*	Speisewagen
станция	**stantsija**	Station
багаж	**bagash**	Gepäck
сактоо камерасы	**saqtoo kamera-sy** *Aufbewahrung Kammer-ihre*	Gepäckaufbewahrung
поезддердин расписаниеси	**pojezd-der-din raspisanije-si** *Zug-Mz-2 Plan-ihr*	Fahrplan
билет	**bilet**	Fahrkarte
плацкарта	**platskarta**	Platzkarte
кайтыш билети	**qajtysch bilet-i** *Rückkehr Fahrkarte-ihre*	Rückfahrkarte
кечигүү	**ketschigüü**	Verspätung
дал	**dal**	pünktlich
биринчи класс	**bir-intschi klass**	erste Klasse
экинчи класс	**eki-ntschi klass**	zweite Klasse
алдыга жана артка	**aldygha dschana artqa** *dorthin und zurück*	hin und zurück

Pojezd qatschan kel-e-t?
Zug wann kommen-GZ-er
Wann kommt der Zug?

Pojezd ubagh-y-nda kel-e-t.
Zug Zeit-seine-5 kommen-GZ-er
Der Zug kommt rechtzeitig an.

Pojezd ketschig-ip dshat-a-t.
Zug sich-verspäten-P1 liegen-GZ-er
Der Zug hat Verspätung.

Bul wagon tameki-tschekkender ütschün-bü?
dieser Wagen Raucher-Mz für-?
Ist das der Raucherwagen?

Qajda bar-a-syz?
wohin fahren-GZ-Sie
Wohin fahren Sie?

Men Schymkent-ke bar-a-myn.
ich Schymkent-3 fahren-GZ-ich
Ich fahre nach Schymkent.

Bul qajsy stantsija?
das welche Station
Wie heißt diese Station?

Balchasch stantsija-sy.
Balqasch Station-seine
Station Balqasch.

... mit dem Auto

Die Autotouristik und der damit verbundene Service ist in Kirgisistan noch nicht so gut entwickelt. Nichtsdestoweniger ist eine Autotour durch dieses Land sehr interessant und ungewöhnlich. In Bischkek kann man ein Auto mieten, die Auswahl ist groß. Wenn Sie wollen, können Sie mit einem gemieteten Auto im ganzen Land herumfahren.

МКБ (май күйүүчү бекети)
em-ka-be (maj küjüütschü beket-i)
Öl Brennstoff Station-sein
Tankstelle

техникалык тейлөө станциясы
technikalyq tejlöö stantsija-sy
technische Bedienung Station-ihre
Autowerkstatt

машина	**maschina**	Auto
айдоочу	**ajdootschu**	Fahrer
бензин куй-	**benzin quj-** *Benzin füllen*	tanken
айда-	**ajda-**	fahren (Auto)
машинаны токто-	**maschina-ny toqto-** *Auto-4 stellen*	parken
оңдо-	**ongdo-**	reparieren
буксирдө-	**buksirdö-**	abschleppen

Unterwegs durch Berge und Täler

Qara-Balta-gha qajsy dshol bar-a-t?
Kara-Balta-3 welcher Weg gehen-GZ-er
Wie kommt man nach Kara-Balta?

Siz tüz ketsch-ingiz kerek.
Sie gerade Fahren-Ihr notwendig
Sie müssen geradeaus fahren.

Siz sol-gho burulsch-unguz kerek.
Sie links Kehren-Ihr notwendig
Sie müssen links abbiegen.

Schaar-gha tschejin daghy alys-py?
Stadt-3 bis noch weit-?
Ist es noch weit bis zur Stadt?

Daghy otuz kilometr.
noch 30 Kilometer
Noch 30 Kilometer.

Mejmanqana-da garash bar-by?
Hotel-5 Garage es-gibt-?
Hat das Hotel eine Garage?

Dshoq, mejmanqana antscha tschong emes.
nein, Hotel genug groß nicht
Nein, das Hotel ist klein.

Tanken

Mynda benzokolonka qajsy dsher-de?
hier Tankstelle welche Stelle-5
Wo ist hier eine Tankstelle?

күйүүчү	**küjüütschü**	Kraftstoff
бензин	**benzin**	Benzin
дизель	**dizel**	Diesel

Benzin-den dshyjyrma litr quj-up ber-ingiz.
Benzin-6 zwanzig Liter gießen-P1 geben-Sie
Bitte 20 Liter Benzin tanken.

Qajerden dizel quj al-a-myn?
wovon Diesel gießen nehmen-GZ-ich
Wo kann man Diesel tanken?

Autopanne

Аварияга учурадык эле.
Awarija-gha utschuradyq ele.
Havarie-3 Fall war
Ich hatte einen Unfall.

Сиз мени сүйрөй аласызбы?
Siz meni süjrö-j al-a-syz-by?
Sie mich ziehen-GZ nehmen-GZ-Sie-?
Können Sie mich abschleppen?

Radiator balkim talqalan-dy.
Kühler wahrscheinlich kaputt-gehen-BV
Wahrscheinlich ist der Kühler kaputt.

Menin motor-um syn-dy.
mein Motor-mein kaputt-BV
Ich habe einen Motorschaden.

Dönggölög-üm dsharyl-dy.
Rad-mein platzen-BV
Der Reifen ist geplatzt.

Сиз мени шаарга чейин ала кет алазбы?
Siz meni schaar-gha tschejin al-a ket al-az-by?
Sie mich Stadt-3 bis nehmen-GZ Fahren nehmen-GZ-Sie-?
Können Sie mich bis zur Stadt mitnehmen?

буксир жип	**buksir-dshil**	Abschleppseil
ок	**oq**	Achse
батарея	**batareja**	Batterie
батареяны заряддо-	**batareja-ny zarjaddo-** *Batterie-4 laden*	Batterie laden
бак	**bak**	Benzintank
тормоз	**tormoz**	Bremsen
тормоз суюктугу	**tormoz sujuqtugh-u** *Bremsen Flüssigkeit-sein*	Bremsflüssigkeit
тормоз педали	**tormoz pedal-i** *Bremsen Pedal-sein*	Bremspedal
айдоочу	**ajdootschu**	Fahrer
айдоочунун күбөлүгү	**ajdootschu-nun kübölüg-ü** *Fahrer-2 Schein-sein*	Führerschein
берүү өзгөрүүсү	**berüü özgörüü-sü** *Übergabe Änderung-ihre*	Gangschaltung
газдуу педаль	**gazduu-pedal** *Gas-Pedal*	Gaspedal
ылдамдык	**yldamdyq**	Geschwindigkeit
өткөрүү коробкасы	**ötkörüü korobka-sy** *Übergabe Gehäuse-ihr*	Getriebe
балка	**balka**	Hammer
сигнал	**signal**	Hupe
кабель	**kabel**	Kabel

кузов	kuzow	Karosserie
кур	qur	Keilriemen
радиатор	radiator	Kühler
кошкуч	qoschqutsch	Kupplung
лампа	lampa	Lampe
руль	rul	Lenkrad
руль менен	rul menen	Lenkung
мотор	motor	Motor
гайка	gajka	Mutter
май	maj	Öl
шина	schina	Reifen
шина басымы	schina basym-y	Reifendruck
запастык дөңгөлөк	zapas-dönggölök	Reserverad
запастык бак	zapastyq-bak	Reservetank
терезе тазалагыч	tereze-tazalaghytsch	Scheibenwischer
заттыбек	zattybek	Scheinwerfer
түтүк	tütük	Schlauch
винт	wint	Schraube
жулкуу	dshulquu	Schraubenschlüssel
отвёртка	otvjortka	Schraubenzieher
жаргыч	dsharghytsch	Sicherung
амортизатор	amortizator	Stoßdämpfer
тахометр	tachometr	Tachometer
клапан	klapan	Ventil
карбюратор	karbjurator	Vergaser
джек	dshek	Wagenheber
инструмент	instrument	Werkzeug
свеча тутандыруу	swetscha tutandyruu	Zündkerze
тутандыруу ачкыч	tutandyruu atschqytsch	Zündschlüssel
цилиндр	tsilindr	Zylinder

Batareja-nyn zarjad-dy kerek.
Batterie-2 Ladung-4 notwendig
Die Batterie muss geladen werden.

Bul nerse-ni remont qyluu mümkün-bü?
dieses Ding-4 Reparatur Machen möglich-?
Können Sie das reparieren?

Remont qantscha ubaqyt al-a-t?
Reparatur wieviel Zeit nehmen-GZ-sie
Wie lange wird die Reparatur dauern?

... mit dem Flugzeug

АЭРОПОРТ
(Flughafen)

In Kirgisistan gibt es 18 Flughäfen und 30 Fluggesellschaften. Internationale Flughäfen befinden sich in den Städten Bischkek und Osch, andere Flughäfen sind lokal und weniger komfortabel.

samoljot	Flugzeug
aeroport	Flughafen
bilet	Ticket
aba dshol-u *Luft Weg-ihr*	Fluglinie
stjuardessa	Stewardess
utsch-	fliegen
utschup kel- *fliegend kommen*	anfliegen
utschup ket- *fliegend gehen*	abfliegen
ketschigüü	Verspätung

Samoljot-qo bilet-ti qajdan aluu-gha bol-o-t?
Flugzeug-3 Ticket-4 wovon Kaufen-3 werden-GZ-sie
Wo werden Tickets verkauft?

Moskwa-gha samoljot qatschan utsch-a-t?
Moskau-3 Flugzeug wann fliegen-GZ-es
Wann fliegt ein Flugzeug nach Moskau?

Eki saat-tan kijin.
zwei Stunde-6 nach
In zwei Stunden.

Erteng tüsch-tö.
morgen Mittag-5
Morgen Mittag.

Boluptur, men erteng utsch-up ket-e-m.
schon-gut, ich morgen fliegen-P1 gehen-GZ-ich
Gut, ich werde morgen fliegen.

Awtobus aeroport-qo saat qantscha-da dshönö-j-t?
Bus Flughafen-3 Uhr wieviel-5 abfahren-GZ-er
Um wie viel Uhr fährt ein Bus bis zum Flughafen?

Pekin-den samoljot qantscha-da utsch-up kel-e-t?
Peking-6 Flugzeug wieviel-5 fliegen-P1 gehen-GZ-es
Um wie viel Uhr kommt das Flugzeug aus Peking?

Bügün aba-yrajy utschu-gha dshol ber-e-bi?
heute Wetter Fliegen-3 Weg geben-GZ-?
Ist heute Flugwetter?

Köngül-üm ajny-p dshat-a-t, baschtyq ber-ingiz-tschi.
Zustand-mein ändern-P1 liegen-GZ-er, Tasche geben-Sie!-mal
Ich bin luftkrank, geben Sie mir ein Paket.

Übernachten

In den größeren Städten, die auch von ausländischen Touristen oft besucht werden, gibt es gute Hotels mit beinahe europäischem Standard.

Ist es nicht möglich, etwas auf eigene Faust zu finden, dann wendet man sich an das örtliche Reisebüro. Sie finden die Büros oft in oder neben den großen Hotels. Eine andere Möglichkeit ist ein Auskunftsbüro.

Wenn man auf dem Lande ist, kann man auch die Dorfbewohner fragen, ob man bei irgend jemandem übernachten kann.

Für Alpinisten, Wanderer und Naturfreunde sind die sogenannten „Touristenstationen" sehr praktisch.

туристтик агентство **turisttik agentstwo** *touristische Agentur*	Reisebüro
маалымат бюросу **maalymat bjuro-su** *Information Büro-ihr*	Auskunftsbüro
мейманкана **mejmanqana**	Hotel
туристтик база **turisttik baza** *Touristenheim*	Touristenstation

im Hotel

An der Rezeption muss man seinen Reisepass und sein Visum am Empfang vorzeigen.

Übernachten

Gibt es im Hotel keine freien Zimmer, wird man sich bemühen, Sie über andere Unterkunftsmöglichkeiten zu informieren.

Auf jeder Etage eines Hotels gibt es eine Etagenbedienstete, die für kleine Serviceleistungen zuständig ist. Wenn man mit der Bedienung zufrieden ist, kann man Trinkgeld geben (umgerechnet 1-2 Euro).

administrator	Empfangschef
gornitschnaja	Zimmermädchen
qabat deshur-u *Etage Diensthabende-ihr*	Etagenbedienstete
kerebet	Bett
wanna bölmö-sü *Wanne Zimmer-ihr*	Badezimmer
qabat	Etage
erteng-menenki tamaq *morgendliches Essen*	Frühstück
bagash	Gepäck
tschatsch-taratsch	Frisiersalon

Siz-der-de bosch bölmö-lör bar-by?
Sie-Mz-5 leer Zimmer-Mz es-gibt-?
Haben Sie Zimmer frei?

Magha bir/eki kischilik bölmö kerek.
mir eins/zwei Mensch Zimmer notwendig
Ich brauche ein Zimmer für 1 / 2 Person/en.

Magha daaratqana-sy bar bölmö kerek.
mir Toilette-seine es-gibt Zimmer notwendig
Ich möchte ein Zimmer mit Toilette.

Al bölmö qajsy qabat-ta?
dieses Zimmer welcher Stock-5
In welchem Stock befindet sich dieses Zimmer?

Bölmö ütschün sutka-sy-na qantscha tölöö kerek?
Zimmer für Tag-und-Nacht-seine-3 wieviel Bezahlen notwendig
Wieviel kostet das Zimmer pro Tag?

Erteng-menenki tamaq baa-gha kir-e-bi?
morgendliches Essen Preis-3 hineingehen-GZ-?
Ist das Frühstück im Preis enthalten?

Siz bul dsher-de qantscha kün tur-a-syz?
Sie diese Stelle-5 wieviel Tag wohnen-GZ-Sie
Wie lange möchten Sie hier bleiben?

Men eki-ütsch kün tur-ghu-m kel-e-t.
ich zwei-drei Tag wohnen-wollen-mein kommen-GZ-er
Ich möchte zwei bis drei Tage bleiben.

Men bir/eki apta tur-ghu-m kel-e-t.
ich eins/zwei Woche wohnen-wollen-mein kommen-GZ-er
Ich möchte eine/zwei Woche/n bleiben.

Men atschqytsch-ty qajda qaltyr-ym kerek?
ich Schlüssel-4 wo Lassen-mein notwendig
Wo soll ich den Schlüssel lassen?

Ütsch dshüz on besch-intschi bölmö-nün atschqytsch-y-n ber-ingiz.
drei hundert zehn fünftes Zimmer-2 Schlüssel-sein-4 geben-Sie
Geben Sie mir bitte den Schlüssel von Zimmer 315.

Kafe qajda?
Café wo
Wo ist ein Café?

Men tamaq-ty bölmö-m-dö dshe-j-min.
ich Speise-4 Zimmer-mein-5 speisen-GZ-ich
Ich werde auf meinem Zimmer essen.

Übernachten

Men restoran-da dshe-j-min.
ich Restaurant-5 speisen-GZ-ich
Ich werde im Restaurant speisen.

Itsch-kijim-der-di dshuu-ghan-gha ber-e al-a-myn-by?
Wäsche-Mz-4 waschen-UV-3 geben-GZ nehmen-GZ-ich-?
Kann ich die Wäsche zum Waschen geben?

Bul köjnög-üm-dü ütüktö-j al-a-syz-by?
dieses Hemd-mein-4 bügeln-GZ nehmen-GZ-Sie-?
Können Sie dieses Hemd bügeln?

Men saat alty-da kajt-yp kel-e-min.
ich Uhr sechs-5 abends kommen-GZ-ich
Ich komme um 6 Uhr abends zurück.

Meni erteng-menenki saat alty-da ojghot-up qoj-unguz-tschu.
mich morgendlich Uhr sechs-5 wecken-P1 stellen-Sie!-mal
Wecken Sie mich bitte um 6 Uhr morgens.

Taksi-ni saat dsheti-de tschaqyr-yp ber-ingiz.
Taxi-4 Uhr sieben-5 rufen-P1 geben-Sie!
Rufen Sie bitte ein Taxi um 7 Uhr.

Bölmö-m-dö sülgü dshoq.
Zimmer-mein-5 Handtuch nein
In meinem Zimmer fehlt ein Handtuch.

dshuurqan	Bettdecke
dshazdyq	Kopfkissen
samyn	Seife
daarat qaghaz *Toilette Papier*	Toilettenpapier

Dusch ischte-be-j dshat-a-t.
Dusche funktioneren-nicht-GZ liegen-GZ-sie
Die Dusche funktioniert nicht.

wanna	Badewanne
telewizor	Fernseher
dshylytuu	Heizung
muzdatqytsch	Kühlschrank
dsharyq	Licht
daaratqana	Toilette

Bölmö-m-dö elektritschestwo dshoq.
Zimmer-mein-5 Elektrizität nein
Mein Zimmer hat keinen Strom.

suu	Wasser
ysyq suu	Warmwasser

Men erteng ket-e-min.
ich morgen abfahren-GZ-ich
Ich reise morgen ab.

Biz erteng ket-e-biz.
wir morgen abfahren-GZ-wir
Wir reisen morgen ab.

Esep-qysap-ty dajarda-ngyz.
Rechnung-4 fertig-machen-Sie
Machen Sie die Rechnung fertig.

Magha kwitantsija dshaz ber-ingiz.
mir Quittung schreiben geben-Sie
Schreiben Sie mir eine Quittung.

Essen und Trinken

Essen in Kirgisistan ist einfach, aber schmackhaft und nicht teuer. Restaurants und Cafés können europäisch oder kirgisisch sein. Restaurants, wie man Sie in Europa kennt, gibt es nur in größeren Städten.

In kirgisischen Restaurants stehen die Speisen auf einem Dastarkan (etwa ein Tischtuch) auf dem Boden, und alle Leute sitzen auch auf dem Boden. Dies ist die übliche Art zu essen in Zentralasien. Nach einem herzhaften Festmahl ist es gar nicht so einfach, vom Tisch aufzustehen.

Restoran-gha qandaj baruu kerek?
Restaurant-3 wie Gehen notwendig
Wie kommt man ins Restaurant?

Restoran qatschan atsch-yl-a-t?
Restaurant wann geöffnet-werden-GZ-es
Wann wird das Restaurant geöffnet?

Restoran saat qantscha-gha tschejin ischte-j-t?
Restaurant Uhr wann-3 bis arbeiten-GZ-es
Wann wird das Restaurant geschlossen?

Dshaqyn dsher-de kafe bar-by?
nahe Ort-5 Café es-gibt-?
Gibt es in der Nähe ein Café?

ресторан	**restoran**	Restaurant
чайкана	**tschajqana**	Teestube
кафе	**kafe**	Café
ашкана	**aschqana**	Speisesaal
буфет	**bufet**	(Steh-)Imbiss
кондитер	**kondiṯer**	Konditorei
магазини	**magazin-i**	
пивокана	**piwoqana**	Bar

In jedem Dorf gibt es die aus dem Orient stammenden tschajqana (Teestuben). In einer Teestube wird traditionell kein Alkohol angeboten, sondern Tee, Fladen, Rosinen, Kandis, Nüsse, gedörrte Aprikosen.

Teestuben sind für Touristen interessant, da man sich hier hauptsächlich unterhält. Wer Kirgisisch lernen möchte, hat in einer Teestube die Gelegenheit, den Leuten zuzuhören.

Biz siz-di restoran-gha tschaqyr-a-byz.
wir Sie-4 Restaurant-3 einladen-GZ-wir
Wir laden Sie ins Restaurant ein.

Tamaq-ty biz menen itsch-pe-j-siz-bi?
Essen-4 wir mit essen-nicht-GZ-Sie-?
Wollen Sie mit uns frühstücken?

In einer guten Teestube gibt es auch etwas Warmes zu essen (nationale Gerichte), aber Alkohol niemals! Traditionell gehen nur Männer in Teestuben. Wenn jemand mit seiner Familie kommt, ist das zwar ungewöhnlich, wird aber akzeptiert.

Siler-di ketschki tamaq-qa tschaqyr-a-byz.
Ihr-4 abendlich Essen-3 einladen-GZ-wir
Wir laden euch zum Abendessen ein.

Bul stol bosch-pu?
dieser Tisch frei-?
Ist dieser Tisch frei?

Bul stol-gho otur-aly.
dieser Tisch-3 sitzen-wir!
Setzen wir uns an diesen Tisch.

Stol-du eki kischi-ge dajarda-ngyz.
Tisch-4 zwei Mensch-3 vorbereiten-Sie!
Decken Sie uns den Tisch für zwei Personen.

Stol-du ütsch kischi-ge dajarda-ngyz.
Tisch-4 drei Mensch-3 vorbereiten-Sie!
Decken Sie uns den Tisch für drei Personen.

Siler emne dshe-j-singer, emne itsch-e-singer?
ihr was essen-GZ-ihr, was trinken-GZ-ihr
Was werdet ihr essen und trinken?

Men et dshe-be-j-m.
ich Fleisch essen-nicht-GZ-ich
Ich esse kein Fleisch.

Men dijeta gharma-j-m.
ich Diät halten-GZ-ich
Ich halte Diät.

Vorspeise

Muzdaq et ber-ingiz-tschi.
kalt Fleisch geben-Sie!-mal
Bringen Sie bitte kaltes Fleisch.

куурулган-жумуртка	**quurulghan-dshumurtqa**	Omelette
быштак	**byschtaq**	Quark
айран	**ajran**	Sauermilch
сыр	**syr**	Käse

жумуртка	dshumurtqa	Eier
каймак	qajmaq	Sauerrahm
жашылча-салат	dshaschyltscha-salat	Gemüsesalat
эт кошулган-салат	et-qoschulghan-salat	Fleischsalat
колбаса	kolbasa	Wurst

Suppe

Birintschi-si-ne schorpo ber-ingiz.
erster-sein-3 Suppe geben-Sie!
Als erstes bringen Sie Suppe.

борщ	borschtsch	Kohlsuppe
жашылча шорпо	dshachyltscha-schorpo	Gemüsesuppe
буурчак шорпо	buurtschaq schorpo	Erbsensuppe
картошка шорпо	kartoschka-schorpo	Kartoffelsuppe
күрүч шорпо	kürütsch-schorpo	Reissuppe
томат шорпо	tomat-schorpo	Tomatensuppe

Hauptgericht

Ekintschi-si-ne kotlet ber-ingiz-tschi.
zweite-sein-3 Kotelett geben-Sie!-mal
Als zweiten Gang bringen Sie bitte ein Kotelett.

гуляш	gulasch	Gulasch
куурулган эт	quurulghan-et	Braten
бифштекс	bifschteks	Beefsteak
шницель	schnitsel	Schnitzel
рагу	ragu	Ragout

сосиска капуста менен
sosiska kapusta menen
Würstchen Kohl mit
Würstchen mit Kohl

балык картошка менен
balyq kartoschka menen
Fisch Kartoffeln mit
Fisch mit Kartoffeln

Balyq-tan dshasalghan qandaj tamaq-tar bar?
Fisch-6 gemacht welche Essen-Mz es-gibt
Welche Fischgerichte haben Sie?

Dshaschyltscha-dan dshasalghan qandaj tamaq-tar bar?
Gemüse-6 gemacht welche Essen-Mz es-gibt
Welche Gemüsegerichte haben Sie?

Nachtisch

Desert-ke kofe menen piroshnyj.
Nachtisch-3 Kaffee mit Kuchen
Zum Nachtisch einen Kaffee mit Kuchen.

Biz-ge alma ber-ingiz-tschi.
uns Apfel geben-Sie!-mal
Bringen Sie uns bitte Äpfel.

алмурут	**almurut**	Birne
шабдаалы	**schabdaaly**	Pfirsich
кара өрүк	**qara-örük**	Pflaume

апельсин	**apelsin**	Orange
булочка	**bulotschka**	Brötchen
печенье	**petschenje**	Gebäck
сухарь	**suchar**	Zwieback
чай	**tschaj**	Tee

Muzdaq suusunduq-tar bar-beken?
kalt Getränk-Mz es-gibt-?
Gibt es kalte Getränke?

минералдуу	**mineralduu**	Mineralwasser
суу	**suu**	
лимонад	**limonad**	Limonade
коктейль	**koktejl**	Cocktail
вино	**wino**	Wein
пиво	**piwo**	Bier
шампан	**schampan**	Sekt

Tamaq-tyn aqtscha-sy-n tölö-jlü.
Essen-2 Geld-sein-4 zahlen-wir
Wir möchten zahlen.

Nationalgerichte

Da die Kirgisen bis vor einigen Jahrhunderten Nomaden waren, konnten sie kein Gemüse und kein Getreide anbauen, deshalb werden alle echten kirgisischen Gerichte aus Fleisch und Milch gekocht. In heutiger Zeit aber sind die Kirgisen sesshaft, und während der letzten 100 Jahre haben sie von ihren Nachbarvölkern viele Gerichte entlehnt, die schon längst kirgisisch geworden sind.

Die Einteilung der Gerichte in Vorspeise, Hauptgericht, Nachtisch ist europäisch, die Kirgisen essen alles in anderer Reihenfolge.

Alle kirgisischen Gerichte sind für Europäer recht ungewöhnlich. Einfach mal probieren!

Qajsy restoran qyrghyz tamaq-tar-yn dshasa-j-t?
Welches Restaurant kirgisisch Speise-Mz-4 machen-GZ-es
Welches Restaurant führt kirgisische Küche?

Men uluttuq tamaq-tar-dy dshe-p kör-gü-m kel-e-t.
ich national Speise-Mz-4 essen-P1 probieren Wunsch-mein kommen-GZ-er
Ich möchte Nationalgerichte essen.

Die kirgisische Küche sollte man unbedingt probieren!

Kirgisische Vorspeisen

казы	**qazy**	Wurst aus Pferdefleisch mit einer Rippe drinnen
кабырга	**qabyrgha**	Gerolltes Schafrippenfleisch
самса	**samsa**	Schaffleischpasteten
курут	**qurut**	Quarkkugeln
эжигей	**edshigej**	Quarkkäse aus Schafs- oder Ziegenmilch
быжы	**bydshy**	Wurst aus gehacktem und gebratenem Fleisch mit Reis oder Mehl
чучук	**tschutschuq**	Pferdefleischwurst

Suppen

ак серке	**aq serke**	Fleischbrühe mit Qymyz oder Ajran
шорпо	**schorpo**	Fleischbrühe, evtl. mit Tomaten u. a. Gemüse
көжө, оруздама	**ködshö, oruzdama**	dicke Suppe aus Grütze, Milch und Fleisch
атала	**atala**	Suppe aus Sauermilch und Mehl
жарма	**dsharma**	Suppe aus gebratener Grütze mit Milch und Fett
кесме көжө	**kesme ködshö**	Ködshö mit Nudeln
кесме атала	**kesme atala**	Nudelsuppe
борщ	**borschtsch**	rote Kohlsuppe (mit Bete)

Hauptgerichte

мантуу	**mantuu**	mit Fleisch und Zwiebel gefüllte, gedämpfte Teigtaschen
быштак	**byschtaq**	Quark aus gekochter Milch
жөргөм	**dshörgöm**	Gericht aus Lungen und Magen
олобо	**olobo**	Gericht aus Schaflungen mit Milch und Fett
куурдак	**quurdaq**	gebratenes Fleisch mit Leber und Lungen
нарын	**naryn**	kleingehacktes Fleisch mit Fleischbrühe
тууралган эт	**tuuralghan et**	große Stücke gekochten Fleisches auf gewalzten Flachnudeln, wird mit heißer Brühe gegessen
лагман	**laghman**	Nudeln mit Fleisch, Möhren, Kohl, Tomaten; angebraten in Bouillon geschmort
кебеп	**kebep**	Schaschlik

Nachtisch und Getränke

күлчө	**kültschö**	kleiner runder Fladen
көмөч	**kömötsch**	Fladen aus Hefeteig
каттама	**qattama**	dünner Butterfladen
чабаты	**tschabaty**	Blätterfladen aus ungesäuertem Teig

maj toqotsch – kirgisische Fladen

май токоч	**maj toqotsch**	großer runder Fladen
челпек	**tschelpek**	dünner, in Fett gebackener Fladen
боорсок	**boorsoq**	Teig aus Weizenmehl mit Hefe oder Sauermilch, in Öl fritiert
жуурат	**dshuurat**	saure Vollmilch
айран	**ajran**	kalte Sauermilch, etwas verwässert
каймак	**qajmaq**	Sahne
кымыз	**qymyz**	leicht alkoholische Sauermilch von Stuten
бозо	**bozo**	alkoholisches Getränk aus Gräsern
куурма чай, ак чай	**quurma tschaj, aq tschaj**	Tee mit gebratenem Mehl, Salz und Milch
максым	**maqsym**	saures Getränk aus zerkleinerter Gerste

Kaufen und Handeln

Es stehen Ihnen eine ganze Reihe von Geschäften zur Auswahl. Die hier genannten Wörter dienen aber nur zur Orientierung. Moderne Geschäfte haben auf Kirgisisch komplexere Namen, besonders in Bischkek auch auf Englisch, die einem Fremden nur wenig sagen, auch wenn er beide Sprachen beherrscht.

Mit einem Smartphone können Sie sich die Sätze dieses Kapitels anhören.

магазин	**magazin**	Geschäft
дүкөн	**dükön**	Laden
универмаг	**uniwermag**	Kaufhaus
кийимдер дүкөнү	**kijim-der dükön-ü** *Kleidung-Mz Laden-ihr*	Konfektionsgeschäft
азык-түлүк	**azyq-tülük** *Lebensmittel*	Lebensmittelgeschäft
наабаткана	**naabatqana**	Bäckerei
китеп дүкөнү	**kitep dükön-ü** *Buch Laden-sein*	Buchhandlung
парфюмерия	**parfjumerija**	Parfümerie
сувенир магазини	**suwenir magazin-i** *Souvenir Laden-sein*	Souvenirladen
киоск	**kiosk**	Kiosk

Dshaqyn dsher-de azyq-tülük magazin-i bar-by?
nahe Stelle-5 Lebensmittel Geschäft-ihr es-gibt-?
Wo ist das nächste Lebensmittelgeschäft?

Kijim-der dükön-ü qajda?
Kleidung-Mz Laden-ihr wo
Wo ist ein Bekleidungsgeschäft?

Ojuntschuq-tar-dy qajdan sat-yp al-a al-a-myn?
Spielzeug-Mz-5 wovon verkaufen-P1 nehmen-GZ nehmen-GZ-ich
Wo kann ich Spielzeuge kaufen?

keramikalyq	Keramik
muzykalyq aspap-tar *musikalische Instrument-Mz*	Musikinstrumente
qyjmylduu	Handy
dshasalgha-lar	Schmuck(waren)
kezdeme-ler	Stoffe
saat-tar	Uhren
fotoapparat	Fotoapparat
idisch	Geschirr

Bul magha dshagh-a-t.
das mir gefallen-GZ-es
Das gefällt mir.

Bul magha dshaq-pa-j-t.
das mir gefallen-nicht-GZ-es
Das gefällt mir nicht.

Bul magha ylajyq.
das mir passend
Das passt mir.

Bul magha ylajyq-syz.
das mir passend-nicht
Das passt mir nicht. (*Kleidung*).

Kaufen und Handeln

... auf dem Markt

Ein orientalischer Markt (bazar) ist sowohl in der Stadt als auch im Dorf ein sehr malerischer Ort: mit all seinem Gedränge, herumfahrenden Eselkarren und Händlern in bunter Kleidung, die ihre Ware anpreisen. Hier können Sie verschiedene Sorten Gemüse, Obst, Kräuter und Gewürze kaufen. Auf einem großen Markt können Sie auch Palow, Beschbarmak oder Tschutschpara essen, Tee oder Bier trinken und Kleidung, Schuhe oder Kunsthandwerk kaufen.

Bul pomidor-lor-dun bir kilogramm-y qantscha tur-a-t?
diese Tomate-Mz-2 eins Kilogramm-ihr wieviel kosten-GZ-er
Wie viel kostet ein Kilogramm dieser Tomaten?

Emne ütschün qymbat?
was für teuer
Warum so teuer?

Bul qymbat emes!
das teuer nicht
Das ist nicht teuer!

Magha besch dshüz gramm ber-ingiz.
mir fünf hundert Gramm geben-Sie!
Geben Sie mir 500 Gramm.

Magha ütsch dshüz gramm dshangghaq-tar ber-ingiz.
mir drei hundert Gramm Walnuss-Mz geben-Sie!
Geben Sie mir 300 Gramm Walnüsse.

Daghy baschqa emne kerek?
noch anderes was notwendig-?
Sonst noch etwas?

Baschqa etsch-nerse.
anderes nichts
Nein, das wäre alles.

Auf dem Markt zu feilschen, ist angemessen und völlig in Ordnung. Dort handeln meistens die Erzeuger der Waren, und niemand diktiert ihnen die Preise. Also, entweder feilschen Sie oder Sie bezahlen mehr.

Men siz-ge qantscha tölöschüm kerek?
ich Ihnen-3 wieviel Bezahlen-mein notwendig
Wie viel muss ich Ihnen bezahlen?

Bul magha abdan qymbat.
das mir sehr teuer
Das ist mir zu teuer.

Men-de köp aqtscha dshoq.
ich-5 viel Geld nein
Ich habe nicht so viel Geld dabei.

Siz-de majda-tyjyn bar-by?
Sie-5 Kleingeld es-gibt-?
Haben Sie Kleingeld?

Men-de majda-tyjyn dshoq.
ich-5 Kleingeld nein
Ich habe kein Kleingeld.

Myna siz-ge dshüz som.
hier Ihnen-3 hundert Som
Hier haben Sie 100 Som.

A-ny oro-p ber-ingiz.
das-4 einpacken-P1 geben-Sie
Packen Sie das bitte ein.

Lebensmittel

нан	**nan**	Brot
кичинекей бөлкө	**kitschinekej bölkö** *kleines Weißbrot*	Brötchen
май	**maj**	Butter
жумуртка	**dshumurtqa**	Eier
бал муздак	**bal-muzdaq**	Eis
эт	**et**	Fleisch
балык	**balyq**	Fisch
печенье	**petschenje**	Gebäck

куш	qusch	Geflügel
жашылчалар	dshyschyltscha-lar	Gemüse
бал	bal	Honig
тоок	tooq	Huhn
картошка	kartoschka	Kartoffeln
сыр, быштак	syr, byschtaq	Käse
мармелад	marmelad	Marmelade
сүт	syt	Milch
жемиш	dshemisch	Obst
күрүч	kürütsch	Reis
уй эти	uj et-i	Rindfleisch
	Kuh Fleisch-ihr	
каймак	qajmaq	Sahne
колбаса	kolbasa	Wurst

Obst und Gemüse

алма	alma	Apfel
алмурут	almurut	Birne
төө буурчак	töö buurtschaq	Bohnen
	große Erbsen	
бадыраң	badyrang	Gurken
бал	bal	Honig
алча	altscha	Kirsche
капуста	kapusta	Kohl
ашкабак	aschqabaq	Kürbis
коон	qoon	Melone
сабиз	sabiz	Möhre
жаңгак	dshangghaq	Nüsse
шабдалы	schabdaly	Pfirsiche
кара өрүк	qara örük	Pflaumen
	schwarze Aprikose	
помидор	pomidor	Tomaten

дарбыз	darbyz	Wassermelone
жүзүм	dshüzüm	Weintrauben
лимон	limon	Zitrone
пияз	pijaz	Zwiebeln, Lauch

Kräuter und Gewürze

кант	qant	Zucker
туз	tuz	Salz
горчица	gortschitsa	Senf
мурч	murtsch	Pfeffer
калемпир	qalempir	Paprika
ашкөк	aschkök	Dill
зире	zire	Kümmel
имбир	imbir	Ingwer
сарымсак	sarymsaq	Knoblauch

Zahllose Gewürze auf dem Basar

Fotografieren

Bevor man jemanden fotografiert, sollte man die Person in jedem Fall um Erlaubnis bitten!

Мен бул жерде сүрөт тартсам болобу?
Men bul dsher-de süröt tart-sam bol-o-bu?
ich diese Stelle-5 Bild wenn-ich-ziehe sein-GZ-?
Darf ich hier fotografieren?

Мен сизди сүрөткө тартсам болобу?
Men siz-di süröt-kö tart-sam bol-o-bu?
Ich Sie-4 Bild-3 wenn-ich-ziehe sein-GZ-?
Darf ich Sie fotografieren?

Die Frage nach der Kamera hat folgenden Sinn: Der Ausdruck süröt tart- *bedeutet sowohl „fotografieren" als auch „zeichnen". Das Zeichnen ist wohl nirgends verboten, aber das Fotografieren – wer weiß?*

Фотоаппарат мененби?
Fotoapparat menen-bi?
Kamera mit-?
Mit einer Kamera?

Ооба, дал ушундай.
Ooba, dal uschundaj.
ja genau so
Ja, genau so.

Сүрөт тартууга тыюу салынат!
Süröt tartuu-gha tyjuu salynat!
Bild nehmen-3 Verbot auferlegt
Fotografieren verboten!

Es gibt Museen, wo es verboten ist zu fotografieren. Einige Ladenbesitzer verbieten es ebenfalls. Wenn Sie sich nicht sicher sind, lieber nachfragen!

fotoapparat	Fotokamera
objektiw	Objektiv
wideokamera	Videokamera
batareja-lar *Batterie-Mz*	Batterien
fotografija, süröt	Fotografie
süröt tart- *Bild darstellen*	fotografieren
film qyl- *Film machen*	filmen
sanariptik-fotoapparat *Ziffern-Kamera*	Digitalkamera
es karta-sy	Speicherkarte
süröt bas- *Bild drucken*	Bilder drucken

Telefon, Post und Internet

Wie in der ganzen Welt benutzt man auch in Kirgisistan in heutiger Zeit Mobiltelefone, und die drahtgebundene Kommunikation gerät allmählich in Vergessenheit. Codes von Städten, Mobilfunkbetreibern und Notrufnummern finden Sie in Geschäften, die Telefone verkaufen. Der internationale Code von Kirgisistan ist +996.

In Geschäften, die Telefone verkaufen, können Sie auch „pre-paid"-Handykarten bekommen und sich eine kirgisische Karte holen. Das ist aber nur in größeren Städten möglich.

телефон	**telefon**	Telefon
кыймылдуу	**qyjmylduu**	Handy
код	**kod**	Code
телефон номери	**telefon nomer-i** *Telefon Nummer-seine*	Telefonnummer
телефон чалуу	**telefon tschaluu** *Telefon Anruf*	Telefongespräch
жергиликтүү чалу	**dshergiliktüü tschaluu** *örtlicher Anruf*	Ortsgespräch
эл аралык чалуу	**el-aralyq tschaluu** *internationaler Anruf*	Auslandsgespräch
телефон ур-	**telefon ur-** *Telefon schlagen*	telefonieren
телефон чал-	**telefon tschal-** *Telefon schlagen*	telefonieren

Ketschire-siz, men telefon tschalysch-ym kerek.
entschuldigen-Sie ich Telefon Anrufen-mein notwendig
Entschuldigung, ich muss telefonieren.

Men Berlin menen süjlösch-kü-m kel-e-t.
ich Berlin mit Sprechen-wollen-mein kommen-GZ-er
Ich möchte nach Berlin telefonieren.

Salam, bul Weber.
hallo, das Weber
Hallo, hier spricht Weber.

Men kim menen süjlösch-üp dshat-a-m?
ich wer mit sprechen-P1 liegen-GZ-ich
Mit wem spreche ich?

Men bosch emes-min,
bir az-dan kijin tschal-yngyz.
ich frei nicht-bin, ein wenig-6 nach schlagen-Sie!
Ich bin gerade beschäftigt, rufen Sie später an.

Ketschire-siz, men tüschün-gön dshok-mun,
any ... ajt-yngyz.
entschuldigen-Sie, ich verstehen-UV nicht-ich, es ... sagen-Sie!
Sorry, ich habe es nicht verstanden, sagen Sie es ...

... qajra ...	noch einmal
... dshaj-yraaq ...	langsamer
... qatuu-raaq ...	lauter

Post

Wenn Sie das Postamt aufsuchen wollen, müssen Sie auf folgende Schilder achten:

ПОЧТА	oder	**ПОЧТАМТ**
potschta		**potschtamt**
Postamt		Postamt

Dshaqyn-aradaghy potschtamt qajda bol-o-t?
in-der-Nähe Postamt wo sein-GZ-es
Wo ist das nächste Postamt?

Potschta-nyn isch ubagh-y qandaj?
Postamt-2 Arbeit Zeit-ihre welche
Wann ist die Post geöffnet?

Men posylka dshönötüsch-üm kerek.
ich Paket Aufgabe-meine notwendig
Ich muss ein Paket aufgeben.

Bul dsher-de potschta jaschtschig-i qajda bol-o-t?
diese Stelle-5 Post Kasten-ihr wo sein-GZ-er
Wo ist hier ein Briefkasten?

жөнөтүүчү	**dshönötütschü**	Absender
адрес	**adres**	Adresse
кат	**qat**	Brief

почта ящиги **potschta jaschtschig-i**	Briefkasten *Post Kasten-ihr*
марка **marka**	Briefmarke
конверт **konwert**	Briefumschlag
заказной **zaraznoj**	eingeschrieben
бланк **blank**	Formular
аба почтасы **aba potschta-sy**	Luftpost *Luft Post-ihre*
бандероль **banderol**	Päckchen
посылка **posylka**	Paket
почтанын акысы **potschta-nyn aqy-sy**	Porto *Post-2 Bezahlung-ihre*
почтамт **potschtamt**	Postamt
открытка **otkrytka**	Postkarte
индекс **indeks**	Postleitzahl
бажы **badshy**	Zoll
бажы жарыялоо **badshy-dsharyjaloo**	Zollerklärung

Internet

In Kirgisistan ist das Internet noch nicht so lange verfügbar. Es ist zwar noch nicht bis ins letzte Dorf gekommen, aber in jeder Stadt können Sie E-Mails abrufen und versenden. In großen Städten gibt es Internet-Cafés.

Men elektronduq potschta menen qat dshiber-im kel-e-t.
ich elektronische Post mit Brief Senden-mein kommen-GZ-er
Ich möchte eine E-Mail senden.

Men elektronduq potschta-m-dy atsch-ty-m kel-e-t.
ich elektronische Post-meine-4 öffnen-BV-ich kommen-GZ-er
Ich möchte E-Mails abrufen.

электрондук почта	**elektronduq potschta** *elektronische Post*	E-Mail
интернет	**internet**	Internet
интернет-кафе	**internet-kafe**	Internet-Café
	vaj-faj	W-Lan, Wifi
компьютер	**kompjuter**	Computer
файл	**fajl**	Datei
мүмкүндүк алуу	**mümkündük aluu** *Möglichkeit Erhalten*	Zugangsdaten
колдонуучунун аты	**qoldonuutschu-nun at-y** *Benutzer Name-sein*	Benutzername
жеке пароль	**dsheke parol**	persönliches Kennwort

Bank und Geld

Die kirgisische Währung heißt som (Som) und ist in 100 tyjyn unterteilt. Das Verhältnis von Som und Euro beträgt etwa 100:1. Daher hat 1 Tyjyn (d. h. 0,01 Som) keinen praktischen Wert. Fast in allen Banken gibt es Angestellte, die Englisch beherrschen, aber Sie sollten auch ein paar Worte auf Kirgisisch sagen können.

Dshaqyn dsher-de bank qajda bar?
nahe Stelle-5 Bank wo es-gibt
Wo ist die nächste Bank?

Men aqtscha almaschtyr-ghy-m kel-e-t.
ich Geld wechseln-wollen-mein kommen-GZ-er
Ich möchte Geld wechseln.

Bank qajsy ubaq-ta ischte-j-t?
Bank welche Zeit-5 arbeiten-GZ-sie
Zu welchen Zeiten hat die Bank auf?

Bügün jewro-nun kurs-u qandaj?
heute Euro-2 Kurs-seiner wie
Wie ist heute der Wechselkurs (des Euro)?

Men bir dshüz jewro almaschtyr-ghy-m kel-e-t.
ich ein hundert Euro wechseln-wollen-mein kommen-GZ-er
Ich möchte 100 Euro umtauschen.

Dshüz jewro qantscha bol-o-t?
100 Euro wieviel sein-GZ-es
Wie viel Som bekomme ich für 100 Euro?

Men bul dsher-de aqtscha almaschtyr-a al-a-myn-by?
Ich diese Stelle-5 Geld wechseln-GZ nehmen-GZ-ich-?
Kann ich hier Geld umtauschen?

Dshüz schwejtsarija frank qantscha som bol-o-t?
hundert Schweizer Franken für wieviel Som sein-GZ-es
Wie viel Som bekomme ich für 100 Schweizer Franken?

Bul dsher-ge qol qoj-unguz.
diese Stelle-3 Unterschrift stellen-Sie!
Unterschreiben Sie bitte hier.

bank	Bank
mamlekettik bank *staatliche Bank*	Staatsbank
waluta almaschuu-su *Valuta Austausch-ihr*	Wechselstube
kassa	Kasse, Schalter
aqscha	Geld
naqta aqtscha *bares Geld*	Bargeld
tyjyn	Münze
majda aqtscha *kleines Geld*	Kleingeld
banknot	Geldschein
waluta	Devisen
kredit-karta	Kreditkarte
kurs	Wechselkurs
aqtscha almaschtyr-	Geld tauschen

kirgisische Banknoten

Ämter und Behörden

Als Tourist kommt man mit Behörden normalerweise nicht in Berührung. Sollte man dennoch etwas auf Behörden zu erledigen haben, wird man als Ausländer für gewöhnlich höflich behandelt. Üben Sie sich in Geduld, bis alle Formalitäten erledigt sind, und bleiben Sie stets freundlich. Beamte zu beschimpfen, wenn es Ihnen nicht schnell genug geht, führt bestenfalls dazu, dass Ihnen überhaupt nicht geholfen wird.

Menin bujum-dar-ym uurdal-dy.
meine Sache-Mz-meine stehlen-BV
Man hat meine Sachen gestohlen.

Dshardam qyl-yngyz, al aqtscha-m-dy uurda-p al-dy.
Hilfe machen-Sie!, er/sie Geld-mein-4 stehlen-P1 nehmen-BV
Helfen Sie, er/sie hat mein Geld gestohlen!

Germanija-nyn konsulduq qajda?
Deutschland-2 Konsulat wo
Wo ist das deutsche Konsulat?

Germanija-nyn eltschilik bügün atschyq bol-o-bu?
Deutschland-2 Botschaft heute geöffnet sein-GZ-sie
Ist die deutsche Botschaft heute geöffnet?

Men tschet-ölkölük pasport-um-du dshoghot-tu-m.
ich ausländisch Pass-mein-4 verlieren-BV-ich
Ich habe meinen Reisepass verloren.

Polizei

Dshaqyn-aradaghy militsija qajda?
in-der-Nähe Miliz wo
Wo ist die nächste Polizeiwache?

Men militsija-ny tschaqyr-a-myn!
ich Miliz-4 rufen-GZ-ich
Ich rufe die Polizei!

ЧЕТ ӨЛКӨЛҮК	**tschet ölkölük** *ausländisch örtlich*	Ausländer
ЭЛЧИЛИК	**eltschilik**	Botschaft
АРЫЗ	**aryz**	Beschwerde
БЮРО	**bjuro**	Büro
УУРУ	**uuru**	Dieb
КАБАТ	**qabat**	Etage
ФИРМА	**firma**	Firma
ТҮРМӨ	**türmö**	Gefängnis
КОНСУЛДУК	**konsulduq**	Konsulat
КАБАР	**qabar**	Nachricht
КООМДУК	**qoomduq**	öffentlich
РАСМИЙ	**rasmij**	offiziell
ЧЕТ ӨЛКӨЛҮК ПАСПОРТ	**tschet ölkölük pasport** *ausländisch örtlich Pass*	Reisepass
ПОЛИЦИЯ КЫЗМАТКЕРИ	**politsija qyzmatker-i** *Polizei Angestellte-ihr*	Polizist
ПОЛИЦИЯ	**politsija**	Polizeiwache
МЕМЛЕКЕТТИК	**memlekettik**	staatlich
ВИЗА	**wisa**	Visum
КҮБӨ	**kübö**	Zeuge, Zeugin
ТАМОЖНЯ	**tamoshnja**	Zahl
САН	**san**	Zahl
НОМЕР	**nomer**	Nummer

Krank sein

Medizinische Hilfe bekomen Sie in Polikliniken und Krankenhäusern. Als Ausländer müssen Sie diese privat bezahlen. Niedergelassene Ärzte gibt es nur wenige. Wenn Sie eine bestimmte Arznei brauchen, sollten Sie sie dabeihaben, da auch in der Apotheke viele Medikamente nur schwer zu bekommen sind.

Men ooru-p turam.
ich schmerzen-P1 stehen-GZ-ich
Ich fühle mich schlecht.

Magha doktor kerek.
mir Arzt notwendig
Ich brauche einen Arzt.

Жакын жерде оорукана барбы?
Dshaqyn dsher-de ooruqana bar-by?
nahe Stelle-5 Krankenhaus es-gibt-?
Gibt es ein Krankenhaus hier in der Nähe?

Суранам, врач чакырыңыз!
Suran-a-m, wratsch tschaqyr-yngyz!
bitten-GZ-ich Arzt rufen-Sie
Rufen Sie bitte einen Arzt.

Тез жардам чакырыңыз!
Tez dshardam tschaqyr-yngyz!
schnelle Hilfe rufen-Sie
Bitte rufen Sie einen Krankenwagen!

ПОЛИКЛИНИКА	**poliklinika**	Poliklinik
ООРУКАНА	**ooruqana**	Krankenhaus
РЕГИСТРАТУРА	**registratura**	Aufnahme
ВРАЧ	**wratsch**	Arzt
КАБЫЛ СААТЛАРЫ	**qabyl saat-lar-y** *Empfang Stunde-Mz-seine*	Sprechstunde
КҮТҮҮ БӨЛМӨСҮ	**kütüü bölmö-sü** *Warten Zimmer-sein*	Wartezimmer

Qajsy dsher-ingiz ooru-p dshat-a-t?
welche Stelle-Ihre schmerzen-P1 liegen-GZ-sie
Was tut Ihnen weh?

Menin dshürög-üm ooru-p dshat-a-t.
mein Herz-mein schmerzen-P1 liegen-GZ-sie
Mein Herz tut mir weh.

Menin basch-ym ooru-p dshat-a-t.
mein Kopf-mein schmerzen-P1 liegen-GZ-sie
Mein Kopf tut mir weh.

Siz temperatura-ngyz-dy öltschö-dü-ngüz-bü?
Sie Temperatur-Ihre-4 messen-BV-Sie-?
Haben Sie die Temperatur gemessen?

Temperatura-m-dy öltschö-p kör-üngüz.
Temperatur-meine-4 gemessen sehen-Sie
Messen Sie bitte meine Temperatur.

Ooba, temperatura-ngyz dshoghoru.
ja, Temperatur-Ihre nach-oben
Ja, Sie haben Fieber.

qol	Arm; Hand
köz	Auge
qursaq	Bauch
but; ajaq	Bein; Fuß
tabarsyq	Blase (Harn-)
köödön	Brustkorb
emtschek	Brust (weibl.)
itschegi	Darm
dshynystyq mütschö-lör *geschlechtlich Organ-Mz*	Genitalien
mojun	Hals
teri	Haut
dshürök	Herz
tize	Knie
söök	Knochen
basch	Kopf
boor	Leber
öpkö	Lunge
qaryn	Magen
ooz	Mund
bultschung	Muskel
murun	Nase
böjrök	Nieren
arqa	Rücken
ijin	Schulter
mangdaj	Stirn
tisch	Zahn
til	Zunge

Menin bul dsher-im ooru-p dshat-a-t.
mir diese Stelle-5 schmerzen-P1 liegen-GZ-sie
Hier tut es mir weh.

Men temperatura ooru-p dshat-a-m.
ich-5 Fieber schmerzen-P1 liegen-GZ-ich
Ich habe Fieber.

But synghan.
Bein gebrochen
Das Bein ist gebrochen.

Men diabet menen ooru-j-m.
ich Diabetes mit erkranken-GZ-ich
Ich bin Diabetiker.

Men dshürök ooru-su menen ooru-j-m.
ich Herz Schmerzen mit erkranken-ich
Ich habe Probleme mit Herzschmerzen.

СПИД	**spid**	Aids
аллергия	**allergija**	Allergie
ангина	**angina**	Angina
ич өтүү	**itsch-ötüü**	Durchfall
сезгенүү	**sezgenüü**	Entzündung
кусук	**qusuq**	Erbrechen
безгек	**bezgek**	Fieber
грипп	**grip**	Grippe
жөгөл	**dshögöl**	Husten
жүрөк оорусу	**dshürök ooru-su**	Herzschmerzen
баш оорусу	**basch ooru-su**	Kopfschmerzen
карын оорусу	**qaryn ooru-su**	Magenschmerzen
айыз	**ajyz**	Menstruation
талуу	**taluu**	Ohnmacht
оору	**ooru**	Schmerzen
кош бойлуулук	**qosch-bojluuluq**	Schwangerschaft
баш айлануу	**basch ajlanuu**	Schwindel
	Kopf Drehen	
көңүл айнуу	**köngül-ajnuu**	Übelkeit

beim Zahnarzt

Menin tisch-im ooru-p dshat-a-t.
mein Zahn-mein schmerzen-P1 liegen-GZ-er
Mir tut ein Zahn weh.

Тишти пломбалаңыз, суурбаңыз.
Tisch-ti plombala-ngyz, suur-ba-ngyz.
Zahn-4 plombieren-Sie ziehen-nicht-Sie!
Den Zahn bitte plombieren, nicht ziehen.

Суранам, наркоз жок кылынгыз.
Suran-a-m, narkoz dshoq qyl-yngyz.
bitten-GZ-ich Betäubung nicht machen-Sie!
Bitte keine Betäubung.

Менде бир түрлүү шприц бар.
Mende bir-türlüü-schprits bar.
ich-5 Einwegspritze es-gibt
Ich habe eine Einwegspritze dabei.

Apotheke

Man sollte unbedingt eine kleine Reiseapotheke von zu Hause mitbringen. Viele Medikamente sind in Kirgisistan nur schwer zu bekommen.

Dshaqyn dsher-de apteka bar-by?
nahe Stelle-5 Apotheke es-gibt-?
Wo ist die nächste Apotheke?

Myna retsept-im.
hier Rezept-mein
Hier ist mein Rezept.

Siz-de ... bar-by?
Sie-5 ... es-gibt-?
Haben Sie ...?

Bul dary-ny qajdan tab-a al-a-myn?
diese Arznei-4 wovon finden-GZ nehmen-GZ-ich
Wo kann ich diese Arznei finden?

Basch ooru-nun dary-sy-n ber-ingiz.
Kopf Schmerz-2 Arznei-seine-4 geben-Sie
Geben Sie mir etwas gegen Kopfschmerzen.

аптека	apteka	Apotheke
антибиотиктер	antibiotik-ter	Antibiotika
градусник	gradusnik	Fieberthermometer
жамаачы	dshamaatschy	Pflaster
пахта	pachta	Watte
май	maj	Salbe
таблетка	tabletka	Tablette
тамчы	tamtschy	Tropfen
бинт	bint	Verband
шамчаны	schamtschany	Zäpfchen
уктатуучу дары	uktatuuchu-dary *Schlaf-Arznei*	Schlafmittel
санитардык майлыктар	sanitardyq majlaq-tar *sanitäre Serviette-Mz*	Damenbinden
ороoч	orootsch	(Stoff-)Windel
ичүүгө	itschüügö	zum Einnehmen
укалоо үчүн	uqaloo ütschün *Einreiben für*	zum Einreiben
тышкы (дары)	tyschqy (dary) *äußerliche (Arznei)*	äußerlich
балдар үчүн	baldar ütschün *Kinder für*	für Kinder

Toilette

Öffentliche Toiletten sind nicht gerade empfehlenswert, da sie für gewöhnlich ziemlich schmutzig sind. Besser sind private Toiletten und Pachttoiletten. Gewöhnlich gibt es dort auch Toilettenpapier (in öffentlichen Toiletten niemals). Es ist jedoch besser, welches dabeizuhaben.

Дааратқана кайда?
Daaratqana qajda?
Toilette wo
Wo ist die Toilette?

аял(дар)
ajal(-dar)
Frau(-Mz)
Damen

эркек(тер)
erkek(-ter)
Mann(-Mz)
Herren

Daaratqana qaghaz-y bar-by?
Toilette Papier-ihr es-gibt-?
Gibt es Toilettenpapier?

Wenn die Toilette gesäubert wird, hängt an der Tür das Schild:

ЖАБЫК
dshabyq
geschlossen

Flirt und Liebe

Kirgisen (auch Kirgisinnen) sind oft Moslems. Wenn Sie (als Mann) sehen, dass eine Frau religiös ist, lohnt es sich nicht, mit ihr anzubändeln. Die Folgen können durchaus unangenehm sein!

Meni menen bijle-gi-ng(-iz) kel-e-bi?
mich mit tanzen-wollen-dein kommen-GZ-?
Willst du (wollen Sie) mit mir tanzen?

Sen abdan sonun bijle-j-sing.
du sehr schön tanzen-GZ-du
Du tanzt sehr schön.

Sen abdan suluu-sung.
du sehr schön-du
Du bist sehr schön.

Bir-az scharap itsch-eli.
ein-wenig Weintrinken-wir
Trinken wir etwas Wein.

Bir-az pivo itsch-eli.
ein-wenig Bier trinken-wir
Trinken wir etwas Bier.

Sen magha dshagh-a-syng.
du mir gefallen-GZ-du
Ich mag dich.

Men seni süj-ö-m.
ich dich lieben-GZ-ich
Ich liebe dich.

Meni menen bar-ghy-ng kel-e-bi?
mich mit gehen-wollen-dein kommen-GZ-?
Willst du mit mir gehen?

Sen meni menen dshat-ghy-ng kel-e-bi?
du mich mit liegen-wollen-dein kommen-GZ-?
Willst du mit mir schlafen?

Dshoq, qaala-ba-j-m.
nein, wollen-nicht-GZ-ich
Nein, ich will nicht.

Mümkün emes.
möglich nicht
Nein, ich kann nicht.

Magha tyntschtyq ber.
mir Ruhe gib
Lass mich in Ruhe.

Als Frau lesen Sie noch einmal das Kapitel „Kurz-Knigge“. Das Hauptgebot: Bescheidenheit geht über alles. Vergessen Sie bitte nicht, dass Kigisistan immerhin islamischer Osten ist.

Schimpfen und Fluchen

In Kirgisistan sind viele Leute Moslems (wahrscheinlich mehr als die Hälfte) und daher gibt es hier nur wenige Flüche.

Die folgenden Wörter sollten nicht verwendet werden, sie erlauben nur das Verständnis in einer angespannten Situation.

batschar!	Halunke!
nuru!	Mist!
schumpaj!	Gauner!
bulghantsch it!	Räudiger Hund!
tschotschqo!	Schwein!
aqmaq!	Dummkopf!
schajtan!	Teufel!
eschek!	Esel!

Dringende Hilferufe

Falls Sie in eine Notsituation gekommen sind, helfen Ihnen folgende Sätze zum Daraufzeigen weiter.

Менин атым …
Menin at-ym …
mein Name-mein …
Ich heiße …

Мен Германиядан келдим.
Men Germanija-dan kel-di-m.
ich Deutschland-aus kommen-BV-ich
Ich komme aus Deutschland.

Австриядан	**Awstrija-dan** *Österreich-aus*	aus Österreich
Швейцариядан	**Schwejtsarija-dan** *Schweiz-aus*	aus der Schweiz
Голландиядан	**Gollandija-dan** *Niederlande-aus*	aus den Niederlanden

Мен ооруп жатам.
Men oorup dsha-t-am.
ich krank liegen-GZ-ich
Ich bin krank.

Мен кырсыктадым.
Men qyrsyqta-dy-m.
ich Unfall-begegnen-BV-ich
Ich hatte einen Unfall.

Менин буюмдарым уурдалды.
Menin bujum-dar-ym uurdal-dy.
meine Sache-Mz-meine stehlen-BV-er
Man hat meine Sachen gestohlen.

Мен документтеримди жоготтум.
Men dokument-ter-im-di dshoghot-tu-m.
ich Dokument-Mz-meine-4 verlieren-BV-ich
Ich habe meine Dokumente verloren.

СураНам, врач чакырыңыз.
Suran-a-m, wratsch tschaqyr-yngyz.
bitten-GZ-ich, Arzt rufen-Sie
Rufen Sie bitte einen Arzt.

Суранам, милиция чакырыңыз.
Suran-a-m, militsija tschaqyr-yngyz.
bitten-GZ-ich, Polizei rufen-Sie
Rufen Sie bitte die Polizei.

Суранам, мени ооруканага алып барыңыз.
Suran-a-m, meni ooruqana-gha al-yp bar-yngyz.
bitten-GZ-ich, mich Krankenhaus-3 nehmen-P1 gehen-Sie
Bitte bringen Sie mich in ein Krankenhaus.

Суранам, мени милицияга алып барыңыз.
Suran-a-m, meni militsija-gha al-yp bar-yngyz.
bitten-GZ-ich, mich Polizei-3 nehmen-P1 gehen-Sie
Bitte bringen Sie mich zur Polizei.

Мен …га кандай бара аламын?
Men ...-gha qandaj bar-a al-a-myn?
ich ...-3 wie gehen-GZ nehmen-GZ-ich
Wie komme ich nach ...?

Lesetipps zum Weiterlernen

Andrey Taranov: **Wortschatz Deutsch-Kirgisisch für das Selbststudium – 9000 Wörter**
T&P Books, ISBN 978-1787670389
Angelika Landmann: **Kirgisisch Kurzgrammatik**
Harrassowitz Verlag, ISBN 978-3447065078

Notizen

Wörterliste Deutsch – Kirgisisch

„Yak" heißt auf Kirgisisch: **топоз** (topoz)

A

Abendessen ketschki tamaq
aber a, biroq, dshe
abfliegen utschup ket-
abreisen ket-
abschleppen buksirge al-
Adresse adres
Alkohol alkogol
allein dshalghyz
alles baary
als (Vergleich) qaraghanda
als (zeitl.) kijin, tschejin
alt (nicht jung) qary
alt (nicht neu) eski
Alte(r) abyschqa, tschal, kempir (w)
Alter (Lebens-) dshasch
Andenken es
anfangen baschta-; baschtal-
Angestellte(r) qyzmattschy
Angst qorquu
anhalten toqtot-
ankommen kel-
Ankunft kelüü
Antwort dshoop
antworten dshoop ber-
arbeiten ischte-
Arbeiter(in) ischtschi
arm dshardy
Arzt tabyp
auch da, daghy
auf üstündö, üstünö
Aufenthalt boluu, turuu
aufhören toqtot-
aufstehen tur-
aufwachen ojghon-
aus -dan, -den, -don, -dön, -tan, -ten, -ton, -tön
Ausfuhr eksport
Ausgang tschyghysch
ausgezeichnet myqty
Auskunft maalymat
Ausland tschet ölkö
Ausländer, ausländisch tschet ölkölük
Ausreise ketüü, dshönöö
Aussprache ajtuu, süjlöö
aussteigen tschyk-
Ausstellung körgözmö
Ausweis kübölük
ausziehen tschetschin-
Auto maschina
Autowerkstatt awtomobil ustaqanasy

B

Badeanzug süzüü kijimi
baden tschömül-
Badezimmer wanna bölmösü
Bahnhof wokzal
Bahnsteig platforma, perron
bald dshaqynda
Bank (Geld) bank
Bargeld naqta (aqtscha)
Batterie batareja

bauen qur-
Bauer dyjqan
Baum baq, daraq, dshyghatsch
beeilen, sich schasch-, aschyq-
beenden büt-
Beere dsher dshemisch
begleiten uzat-
begrüßen salam ajt-, salam ber-
behandeln (Krankh.) daryla-
Behörde mekeme
bei dshanynda
Beispiel misal
bekanntmachen, sich taanysch-
beleidigen qordo-
benachrichtigen qabar ber-
Benzin benzin
Berg too
Beruf kesip
berühmt dangqtuu
beschweren, sich dattan-
besichtigen qara-
Besitzer ee, kodshojun
besser myqty
bestellen zakaz qyl-
Bestellung zakaz
bestrafen dshazala-
Besuch kelüü
besuchen bar-
betrügen alda-
betrunken mas
Bett kerbet
Bettzeug schejschepter
bevor tschejn
Beweis dalil
bezahlen tölö-
Bier piwo
Bild süröt
billig arzan
Binde oroo
bis dejre, tschejin
bisschen az, az-maz, bir az
Bitte suroo
bitten sura-
Blatt dshalbyraq
bleiben qal-
Bleistift qalam
Blume gül
Boot qajyq
Botschaft (dipl.) posolstwo
Brand ört
Brauch adat
brauchen zaryl bol-
breit keng
brennen küj-
Brief qat
Briefmarke marka
Briefumschlag konwert
Brille köz ajnek
bringen keltir-
Brot nan
Brücke köpürö
Bruder agha (älterer), ini (jüngerer)
Brust (weibl.) emtschek
Brust(korb) kökürök
Buch kitep
buchen bronja qyl-
Buchstabe tamgha
bunt ala-bula
Burg sepil, saraj
Bürger (Staats-) grashdanin
Büro mekeme
Bus awtobus

C

Chauffeur schofjor
Chef basch
Computer kompjuter

D

da myna
Dach üjdün üstü
damit bul menen
danach andan kijin
danke rachmat, yraqmat

Wörterliste Deutsch – Kirgisisch

danken yraqmat ajt-
dann anan, kijin, song
darum bul dshönündö
dass dep
Datum data
dauern ulan-
Decke (Bett) dshuurqan
dein/e seniki
denken ojlo-
Denkmal estelik
der letzte aqyrqy
deshalb andyqtan, oschon ütschün, oschonduqtan
deutsch nemets
Deutsche(r) nemets
Deutschland Germanija
Devisen waljuta
Dialekt dialekt
dick dshoon, qalyng
Diebstahl uuruluq
dies bul
diese(r,s) al, bu, bul, uschu, uschul
Ding bujum, nerse
Diskothek diskoteka
Dokument(e) dokument(ter)
Dolmetscher tilmetsch
Dorf ajyl, qyschtaq, selo
dort anda, tyjaqta
dorthin ary
dringend schaschylysch
du sen
dumm kelesoo
dunkel qarangghy
dünn dshuqa, itschke
durch (hindurch) aralap
Durchfall tschytschqaq
dürfen al-
Durst haben suusa-

E

echt anyq
Ehefrau ajal, zajyp
Ehemann er
Ehepaar dshubajlar
Ei dshumurtqa
Eigentum mentschik
einander biri-birine
Einbruch buzuq
einfach dshapajy, dshönököj, ongoj
Einfuhr import
Eingang kirüü
einige bir qantscha, bir netsche
einladen tschaqyr-
Einladung tschaqyruu
einmal bir dsholu, bir künü
einsteigen kir-, otur-, tüsch-
eintreten kir-
einverstanden maqul
Einwohner turuutschu
Eis (Speise-) bal muzdaq
Eisenbahn temir dshol
Eiter iring
Eltern ata-ene
E-mail E-potschta
empfangen qabyl al-
empfehlen sunusch qyl-
Ende ajaq, song
eng tar
englisch anglis
Enkel(in) memire
entscheiden tschetsch-
entschuldigen, sich ketschirim sura-
er al
Erde dsher
Ereignis oquja
Erfolg ijgilik
erhalten al-
erholen, sich dem al-, tyn-
erinnern, sich esinde bol-
erkältet sein suuq tij-
erklären tüschündür-
erlauben uruqsat ber-

Erlaubnis uruqsat
Ermäßigung tömöndöö
Ersatzteil zapastyq bölük
erzählen süjlöp ber-
essen dshe-, tamaqtan-
Etage qabat
etwa tschamalap
etwas alda, bir nerse, nemnedir
euer/e silerdin

F

Fabrik fabrika
Faden dship
Fähre parom
fahren dshyl-
Fahrkarte bilet
Fahrplan pojezd tartibi
Fahrpreis dshürüü baasy
Fahrrad welosiped
Fahrzeug transport
falsch dshalghan
Familie üj-bülö
Familienname familija
Farbe bojoq
faul (Obst) tschirik
faul (träge) dshalqoo
Fehler qata
Feier majram
feiern majramdoo
feilschen soodalasch-
Feld talaa
Felsen zoo
Fenster tereze
Ferien kanikul
fern alysqy
Fernsehgerät telewizor
fertig dajar
fest bek, bekem
Fest majram
fett semiz
feucht nymduu
Feuer ot
Fieber qaltyratma
Film film
finden tap-
Finger barmaq
Fisch balyq
Flasche butylka
Fleisch et
fleißig kunttuu
fliegen utsch-
flirten tijisch-
Flughafen aeroport
Flugticket awiabilet
Flugzeug samoljot
Fluss daryja, suu
Folklore folklor
Formular blank
Fotoapparat fotoapparat
Fotografie fotografija
fotografieren sürötkö tart-
Frage masele, suroo
fragen sura-
Frau ajal, qatyn
Fräulein qyz
frei azat
fremd tschet eldik
freuen, sich quban-
Freund(in) dos
freundlich dshajdary
Freundschaft dostuq
Frieden tyntschtyq
frieren üschü-
frisch (Obst) dshanga
fröhlich schajyr
Frucht dshemisch
früh erte
Frühling dshaz
Frühstück erteng menenki tamaq
frühstücken erteng menenki tamaqtan-
fühlen, sich özün sez-
Führung dshetektschilik
für ütschün
fürchten, sich (vor) dshaltan-
Fuß ajaq, but

G

Gabel wilka
ganz bütün
Garten baq, baqtscha
Gas gaz
Gasse qysqa kötschö
Gast mejman, qonoq
Gastfreundschaft mejmandostuq
Gastgeber qodshojun
Gaststätte restoran
Gebäck petschenje
Gebäude imarat
geben ber-
Gebirge toolor
Gebühr nalog
Geburtstag tuulghan kün
gefährlich qorqunutschtuu
gefallen dshaq-
Gefängnis türmö
Gefäß idisch
Gefühl sezim
gegen qarschy
Gegend dsher
gegenüber qarschy dshaqta
gehen bar-, bas-, dshür-, ket-
Geld aqtscha
Gemüse dshaschyltscha
gemütlich dshajluu
genau dal, taq, tuura
genug dshetischintsche
Gepäck bagash
geradeaus tüz
gern qubanytsch menen
Geschäft (Laden) dükön
Geschäft (Tätigkeit) biznes
Geschenk belek
Geschichte (Erzählung) anggeme
Geschichte (Historie) tarych
Geschwister bajke dshana edshe
Gesellschaft qoom
Gesetz myjzam
Gespräch anggeme
gestern ketschee
gesund saq, soo
Gesundheit den sooluq
Getränk itschimdik
Gewicht salmaq
Gewitter tschaghylghanduu dshaan
gewöhnen, sich (an) könük-
Gewürz tatymal
Gift uu
Giftschlange uuluu dshylan
Glas (Material) ajnek
Glas (Trink-) stakan
glauben ischen-
Glück baqyt
glücklich baqtyluu, dshyrghalduu
Gold altyn
Gott qudaj
Gramm gramm
Grammatik grammatika
Gras ot, tschöp
gratulieren quttuqta-
Grenze tschek ara
Grippe gripp
groß iri, tschong, zor, uluu
Größe (Kleidung u.ä.) tschongduq
Großmutter tschong ene
Großvater tschong ata
Gruppe top
grüßen salam ber-
grüßen, sich salamdasch-
gültig zakonduu
gut dshaqschy

H

haben bol-
Hafen port
Hälfte dsharty, dsharym
halten qarma-
Haltestelle ajaldama
Hand qol
Handel sooda
Handtuch sulghu
hart qatuu
Haus üj
Hausfrau üj qodshojkesi
heben kötör-
Heftpflaster tschaptama bint
heiß ysyq
helfen dshardam
hell dsharyq
Herbst küz
Herr myrza
herzlich ynaq
heute bügün
hier mynda, bul dsherde
Hilfe dshardam
hinten artqy dshaqta
hinter artynda
hoch bijik
Hochzeit toj
hoffen ümüt qyl-
höflich sypaa
Holz dshyghatsch
hören uq-
Hotel mejmanqana
hungrig (sein) atsch (bol-)
Hygiene gigijena

I

ich men
Ihr/e sizdin
ihr/e (Ez.) anyn
ihr/e (Mz.) alardyn
immer dajym, ar qatschan, ar ubaq
impfen emde-
in (örtlich) -da, -de, -do, -dö, -ta, -te, -to, -tö
in (zeitlich) -da, -de, -do, -dö, -ta, -te, -to, -tö
Industrie önör dshaj
Information informatsija, maalymat
informieren, sich maalymat al-
Insekt qurt-qumursqa
Insel aral
interessant qyzyq, sonun
interessieren, sich (für) qyzyq-
international el aralyq

J

ja ooba
Jahr dshyl
Jahreszeit sezon, mezgil
jährlich dshyl sajyn
jeder ar, ar bir, sajyn
jedesmal ar bir dsholu
jemand biröö, kimdir biröö, alda kim
jener ana, oscho(l), tigi(l)
jetzt azyr
Journalist shurnalist
jung dshasch
Junge erkek bala

K

kalt muzdaq
kaputt synghan
Karte karta
Kasse kassa
kaufen al-, satyp al-
kennen bil-
Kind bala
Kino kino
Kirche tschirköö

Wörterliste Deutsch – Kirgisisch

Kleidung kijim
klein kitschine, kitschüü
klug aqylduu
Knabe erkek bala
Kneipe araqqana
kochen byschyr-
Koffer tschemodan
kommen kel-
kompliziert tataal
Kondom kondom
können al-
Konsulat konsulduq qyzmat
kontrollieren tekscher-
Konzert kontsert
kosten (Preis) tur-
kosten (probieren) tat-
kostenlos beker, aqysyz
krank ooru, ooruluu
Krankenhaus ooruqana, bolnitsa
Krankheit ooru
kühl salqyn
Kühlschrank muzdatqytsch
Kunst iskusstwo
kunstgewerbl. Waren körköm önör bujumdar
kurz qysqa
küssen öp-

L

lächeln külümürö-
lachen (über etw.) kül-
Lage (geogr.) turghan dsher
Laken schejschep
Lampe lampa
Land ölkö
Landkarte karta
Landschaft landschaft
Landwirtschaft ajyl gharba
lang (Entfernung) uzun
lang(e) (Zeit) uzaq
langsam dshaj
langweilig zeriktirme
laufen (rennen) dshügür-, tschurqa-
laut qatuu
leben dshascha-
Leben ömür, turmusch
Lebensmittel azyq-tülük
ledig bojdoq
leer bosch
legen qoj-, sal-
Lehrer(in) mughalim
leicht (nicht schwer) dshengil
leihen, sich (von) qaryz al-
lernen oqu-
lesen oqu-
Leute kischiler, adamdar
Licht dsharyq
lieben dshaqschy kör-, süj-
Lied yr
liegen dshat-
links solgho
Loch teschik
Löffel qaschyq
Lohn, Gehalt ajlyq
lügen qalp ajt-
lustig qursant, schajyr, schat

M

machen qyl-
Mädchen qyz
malen süröt tart-
man muss, man soll tijisch
manchmal keede, kez-kez
Mann adam; erkek
Markt bazar
Medikament dary
Meer dengiz
mehr aschuun
mein/e menin

Menge, Quantität san
Mensch adam
merken, sich este tut-
Messer bytschaq
mieten idsharagha al-
Minute minut(a)
mit menen
Mittag tüsch maaly
Mittagessen obed, tüshkü tamaq
Mode moda
möglich balkim
Monat aj
Morgen erteng
morgen erteng
Motor motor
Motorboot motorduu qajyq
Motorrad mototsikl
müde tschartschaghan
Müll schypyryndy
Museum muzej
Musik muzyka
müssen kerek
Mutter apa

N

nach (Richtung) -gha, -ge, -gho, -gö, -qa, -ke, -qo, -kö
nach (Zeit) kijin
Nachmittag tüschkü kijinki mezgil
Nachricht qabar
nächstes Mal kijinki dsholu
Nacht tün
nackt dshalang
Nadel ijne
nah dshaqyn
Name at, ysm, ysym
nass suuluu, nymduu
Nationalität ulut
Natur tabijat
natürlich (nicht künstl.) tabighyj
neben dshaqyn
nehmen al-
nein dshoq, emes
nennen ata-
neu dshangy
neugierig qulaq türgön
Neuheit dshangylyq
nicht emes
nichts etsch nerse, etschtemke
nie etsch qatschan
niedrig dshapyz
niemals etsch qatschan
niemand etsch kim
nirgendwo / -hin etsch dsherde
noch daghy
noch einmal qajra
Norden tündük
normal normalduu
notwendig kerektüü, zaryl
Nummer nomer
nur dshalang, ele, ghana, tschylq
nützlich pajdaluu

O

ob -by, -bi, -bu, -bü, -py, -pi, -pu, -pü
oben üstündö
ober dshoghorqu
Oberteil üst
Obst dshemisch
oder dshe
offen atschyq
öffnen atsch-
oft dshysch, tez-tez
ohne -syz, -siz, -suz, -süz
Ohr qulaq
Öl maj
Onkel bajke
Organ mütschö
organisieren ujuschtur-
Ort orun
Osten tschyghysch
Österreich Awstrija

Wörterliste Deutsch – Kirgisisch

Österreicher(in) awstrijalyq

P, Q

paar dshup
Paar dshup
Päckchen banderol
Paket posylka
Palast saraj
Panne awarija
Papier qaghaz
Park park
parken ajaldama qyl-
Pass pasport
Patient ooru kischi
Pause tynyghuu, tanapis
Person insan
Pflanze ösümdük
Plan plan
Platz ajant; dsher
Platzkarte platskarta
plötzlich qapysynan
Politik sajasat
Polizei politsija
Post(amt) potschta
Postkarte otkrytka
Preis baa, narq
privat dsheke
Problem problema
Profit kiresche
Programm programma
Prospekt broschura
pünktlich taq
Qualität sapat

R

Radiogerät radio
Rat kengesch
rauchen tameki tart-
Raum mejkindik
rechnen sana-
Rechnung esep
Recht uquq
rechts onggho
reden süjlösch-
Regen dshamghyr
Regenschirm qol tschatyr
registrieren qatta-
reich baj
reif byschqan
Reifen döngölöktün alqaghy
Reise dsholootschuluq
Reisebüro turisttik agentstwo
reisen sajaqatta-
reparieren ongdo-
reservieren bronja qyl-
Restaurant restoran
Rettungswagen tez dshardam
richtig durus, tuura, yras
Richtung dshiberüü
roh tschijki
Rückfahrt qajra sapar
Rucksack rjukzak
rückständig artqy
rufen tschaqyr-
Ruhe tyntschtyq

S

Sache bujum, nerse
sagen ajt-, de-
Salbe maj
Salz tuz
sammeln dshyjna-
Sand qum
satt toq
Satz (Grammatik) süjlöm
sauber machen tazart-
sauber taza
sauer qytschqyl
Schallplatte plastinka
scharf qurtsch
Scheck tschek
Schere qajtschy
schicken, senden dshiber-
schießen at-,

myltyq at-
Schiff keme
schlafen uqta-
Schlafsack uqtootschu qap
Schlafzimmer uqtootschu bölmö
schlagen ur-
schlecht dshaman, natschar
Schloss (Gebäude) sepil, saraj
Schlüssel atschqytsch
schmackhaft daamduu
Schmerz ooru
schmerzen ooru-
Schmuck qoozdoo
schmutzig kir
Schnaps araq
schnell bat, daroo, tez, yldam
schon bugha tschejin
schön qooz, suluu
schreiben dshaz-
schreien tschaqyr-
Schuh botinka
schuldig künöölüü
Schule mektep
Schüler(in) oquutschu
schwanger kosch bojluu
Schweiz Schwejtsarija
Schweizer(in) schwejtsarijalyq
schwer (nicht leicht) oor
Schwester apa, edshe, qaryndasch
schwierig (nicht einfach) qyjyn
schwimmen süz-
schwitzen terde-
See köl
sehen kör-
Sehenswürdigkeiten sonun dsherler
Seide dshibek
Seife samyn
Seil dshoon arqan
sein bol-
sein/e anyn
seit -dan, -den, -don, -dön, -tan, -ten, -ton, -tön
Seite (Richtung) tarap, baraq, bet
Sekunde sekund(a)
selbst öz
selten sejrek
setzen, sich otur-
sicher aman
Sie siz (Ez), sizder (Mz)
sie (Ez.) al
sie (Mz.) alar
Silber kümüsch
singen yrda-
sitzen otur-
sitzen, passen (Kleidung) tuura kel-
so myndaj, uschundaj
sofort daroo
Sohn uul
solch(e,er,es) uschundaj
sollen kerek
Som som
Sommer dshaj
Sonne kün
sparen tschoghult
spät ketsch
spazierengehen sejilde-
Speise tamaq-asch
Speisekarte menju
spielen ojno-
Spielzeug ojuntschuq
Sport sport
Sprache til
sprechen süjlö-
Spritze schprits
Staatsangehörigkeit grashdandyq
Stadt schaar
stark kütschtüü, myqty
stehen tur-
Stein tasch
Stelle, Ort orun
stellen qoj-
sterben öl-

Stil (Architekt.) stil
Stimme ün
Stoff zat
stören bögöt bol-
Strafe dshaza
Strand pljash
Straße kötschö
Straßenbahn tramwaj
Streichhölzer schirengke
streiten ajtysch-
Stück daana
Student student
Stunde sabaq
suchen izde-
Süden tüschtük
Summe summa
Suppe schorpo
süß schirin, tattuu

T

Tabak tameki
Tablette tabletka
Tag kün
täglich kündö
Tal öröön
Talent talant
Tankstelle MKB
Tante dsheneke
Tanz bij
tanzen bijle-
Tasche baschtyq
Taxi taksi
teilnehmen qatysch-
Telefon telefon
telefonieren telefon tschal-
Telegramm telegramma
Theater teatr
tief tereng
Tier ajban, dshanybar
Tochter qyz
Tod adshal
Toilette daaratqana
Toilettenpapier daarat qaghaz
tot dshansyz
töten öltür-
Tradition salt
tragen kötör-
traurig qaighyluu
treffen (begegnen) dsholuq-
Treppe tepkitsch
trinken itsch-
Trinkgeld sunusch
trocken qaq, qurghaq
tschüss qosch!
tun qyl-
Tür eschik
Turm munara

U

üben maschyqtyr-
über (örtl.) üstündö
über (zeitl.) kijin
überall bardyq dsherde
übermorgen bürsügünü
übersetzen (Sprache) qotor-
Übersetzer qotormotschu
Überweisung perewod qyluu
übrig qalghan, baschqa
Uhr saat
um ajlanasynda
um zu ... ütschün
Umgebung ajlana
Umleitung ajlanyp ötmö dshol
umtauschen almaschtyr-
Umweg ajlanyp ötmö dshol
Umwelt dsharatylysch
unbekannt belgisiz
und dshana, a
Unfall qyrsyqtuu oquja
Universität uniwersitet
unschuldig künöösüz
unser/e bizdin
unten astynda

unter arasynda; astynda
Unterhaltung süjlöschüü
Unterkunft dshazaqana
unterrichten (lehren) oqut-
unterschreiben qol qoj-
Urlaub otpusk

V

Valuta (Devisen) waljuta
Vater ata
verabreden (sich) kelisch-
Verabredung kelischim
verabschieden, sich qosch ajtysch-
verboten (sein) tyjuu salynghan
Verbrechen qylmysch
verdienen ischtep tap-
vergessen unut-
vergnügen, sich yraqat kör-
verirren, sich adasch-
verkaufen sat-
verleihen (an) qaryz(gha) ber-
verletzt dsharaqsyz
Verletzung buzuu
verlieben, sich aschyq bol-
verlieren (Dinge) dshoghot-
vermieten idsharagha qoj-
Vermittlung ortomtschuluq
Versicherung qamsyzdandyruu
verspäten ketschik-
verspäten, sich ketschik-
versprechen ubada ber-
verstehen tüschün-
versuchen tyrysch-
viel dalaj, köp
vielleicht mümkün
Vogel qusch
Volk el, qalq
voll toluq
von -dan, -den, -don, -dön, -tan, -ten, -ton, -tön
vor aldynda
vorbereiten dajar qyl-
vorgestern murdaghy künü
vorher murun; kün murun
Vormittag erteng menen
Vorname familija
vorne aldyda
vorschlagen sun-
vorstellen (Imagination) taanyt-
vorstellen, sich taanyschtyr-
Vorwahlnummer ajmaq kodu

W

Waffe qural
Wagen maschina
Waggon wagon
wahr tschynyghy
während itschinde, utschurunda
Wald toqoj
Wand dubal
wandern kez-, tenti-
wann qatschan
Ware towar
warm dshyluu
warten küt-
warum emne ütschün

was emne
waschen dshuu-
waschen, sich dshuun-
Wasser suu
Watte wata
wechseln majdala-
wecken ojghot-
Weg dshol
wegen qarschy
weiblich ajaldardyn
weil andyqtan, antkeni, nege deseng, sebebi
weinen yjla-
weit alys
welcher qajsy
wenig az
wenn (als) -dan (-den, -don, -dön, -tan, -ten, -ton, -tön) kijin
wenn (falls) eger
wer kim
werden bol-
wessen kimdin
Westen batysch
Wetter aba yrajy, kün
wichtig zor maanilüü
wie emne, qandaj, söröj
wie viel qantscha
wieder qajra, qajta
wiederholen qajtala-
Wind dshel, schamal
Winter qysch
wir biz
wissen bil-
wo qajda
Woche apta, dshuqa
woher qajdan
wohin qajda
wohnen tur-
Wohnung kwartira
wollen qaala-
Wort söz
Wörterbuch sözdük
Wunde dshara
wünschen tile-

X-Z

zahlen tölö-
Zahnarzt tisch doqturu
Zahnpasta tisch pastasy
zeigen körgöz-, körsöt-
Zeit kez, ubaq, ubaqyt, zaman
Zeitung gazeta
Zelt palatka, tschatyr
Zeltplatz tschatyr orunu
Zentrum borbor
Zigarette sigaret
Zimmer bölmö
Zoll badshy
zu (+ Adjektiv) eng ele
zu Fuß dchöö
zufrieden qursant, yraazy
Zug pojezd
zurück artqa
zusammen birge, qoscho, tschoguu
zuviel eng ele
zwischen ara

Wörterliste Kirgisisch – Deutsch

A

a und; aber
aba yrajy Wetter
abyschqa Alte(r)
adam Mensch; Mann
adamdar Leute
adasch- verirren, sich
adat Brauch
adres Adresse
adshal Tod
aeroport Flughafen
agha Bruder (älterer)
aj Monat
ajal Frau; Ehefrau
ajaldama Haltestelle
ajaldama qyl- parken
ajaldardyn weiblich
ajant Platz
ajaq Fuß; Ende
ajban Tier
ajlana Umgebung
ajlanasynda um
ajlanyp ötmö dshol Umleitung; Umweg
ajlyq Lohn, Gehalt
ajmaq kodu Vorwahlnummer
ajnek Glas (Material)
ajt- sagen
ajtuu Aussprache
ajtysch- streiten
ajyl Dorf
ajyl gharba Landwirtschaft
al er / sie (Ez)
al- dürfen; erhalten; können; nehmen; kaufen; diese(-r, -s)
ala-bula bunt
alar sie (Mz.)
alardyn ihr/e (Mz.)
alda etwas
alda- betrügen
alda kim jemand
aldyda vorne
aldynda vor
alkogol Alkohol
almaschtyr- umtauschen
altyn Gold
alys weit
alysqy fern
aman sicher
ana jener
anan dann
anda dort
andan kijin danach
andyqtan weil, deshalb
anggeme Gespräch; Geschichte (Erzählung)
anglis englisch
antkeni weil
anyn sein(-e), ihr(-e) (Ez)
anyq echt
apa Mutter; Schwester
apta Woche
aqtscha Geld
aqylduu klug
aqyrqy der letzte
aqysyz kostenlos
ar jeder
ar bir jeder
ar bir dsholu jedesmal
ar qatschan immer
ar ubaq immer
ara zwischen
aral Insel
aralap durch (hindurch)
araq Schnaps
araqqana Kneipe
arasynda unter
artqa zurück
artqy rückständig
artqy dshaqta hinten
artynda hinter
ary dorthin
arzan billig
aschuun mehr
aschyq- beeilen, sich
aschyq bol- verlieben, sich

astynda unter; unten
at Name
at- schießen
ata Vater
ata- nennen
ata-ene Eltern
atsch- öffnen
atsch (bol-) hungrig (sein)
atschqytsch Schlüssel
atschyq offen
awarija Panne
awiabilet Flugticket
Awstrija Österreich
awstrijalyq Österreicher(in)
awtobus Bus
awtomobil ustaqanasy Autowerkstatt
az wenig, bisschen
azat frei
az-maz bisschen
azyq-tülük Lebensmittel
azyr jetzt

B

baa Preis
baary alles
badshy Zoll
bagash Gepäck
baj reich
bajke Onkel
bajke dshana edshe Geschwister
bal muzdaq Eis (Speise-)
bala Kind
balkim möglich
balyq Fisch
banderol Päckchen
bank Bank (Geld)
baq Garten; Baum
baqtscha Garten
baqtyluu glücklich
baqyt Glück
bar- gehen; besuchen
baraq Seite (Richtung)
bardyq dsherde überall
barmaq Finger
bas- gehen
basch Chef
baschqa übrig
baschta(l)- anfangen
baschtyq Tasche
bat schnell
batareja Batterie
batysch Westen
bazar Markt
bek fest
bekem fest
beker kostenlos
belek Geschenk
belgisiz unbekannt
benzin Benzin
ber- geben
bet Seite (Richtung)
bij Tanz
bijik hoch
bijle- tanzen
bil- kennen, wissen
bilet Fahrkarte
bir az bisschen
bir dsholu einmal
bir künü einmal
bir nerse etwas
bir netsche einige
bir qantscha einige
birge zusammen
biri-birine einander
biröö jemand
biroq aber
biz wir
bizdin unser/e
biznes Geschäft (Tätigkeit)
blank Formular
bögöt bol- stören
bojdoq ledig
bojoq Farbe
bol- haben; sein; werden
bölmö Zimmer
bolnitsa Krankenhaus
boluu Aufenthalt
borbor Zentrum
bosch leer

botinka Schuh
bronja qyl- buchen, reservieren
broschura Prospekt
bu diese(-r, -s)
bugha tschejin schon
bügün heute
bujum Ding, Sache
buksirge al- abschleppen
bul dies, diese(-r, -s)
bul dsherde hier
bul dshönündö darum
bul menen damit
bürsügünü übermorgen
but Fuß
büt- beenden
bütün ganz
butylka Flasche
buzuq Einbruch
buzuu Verletzung
-by, -bi, -bu, -bü ob
byschqan reif
byschyr- kochen
bytschaq Messer

D

da auch
-da, -de, -do, -dö in (örtlich und zeitlich)
daamduu schmackhaft
daana Stück
daarat qaghaz Toilettenpapier
daaratqana Toilette
daghy auch; noch
dajar fertig
dajar qyl- vorbereiten
dajym immer
dal genau
dalaj viel
dalil Beweis
-dan (-den, -don, -dön, -tan, -ten, -ton, -tön) kijin wenn (als)
-dan, -den, -don, -dön, -tan, -ten, -ton, -tön aus; seit; von
dangqtuu berühmt
daraq Baum
daroo schnell; sofort
dary Medikament
daryja Fluss
daryla- behandeln (Krankh.)
data Datum
dattan- beschweren, sich
dchöö zu Fuß
de- sagen
dejre bis
dem al- erholen, sich
den sooluq Gesundheit
dengiz Meer
dep dass
dialekt Dialekt
diskoteka Diskothek
dokument(ter) Dokument(e)
döngölöktün alqaghy Reifen
dos Freund(in)
dostuq Freundschaft
dshaj langsam; Sommer
dshajdary freundlich
dshajluu gemütlich
dshalang nackt; nur
dshalbyraq Blatt
dshalghan falsch
dshalghyz allein
dshalqoo faul (träge)
dshaltan- fürchten, sich (vor)
dshaman schlecht
dshamghyr Regen
dshana und
dshanga frisch (Obst)
dshangy neu
dshangylyq Neuheit
dshansyz tot
dshanybar Tier
dshanynda bei
dshapajy einfach
dshapyz niedrig
dshaq- gefallen
dshaqschy gut

dshaqschy kör- lieben
dshaqyn nah, neben
dshaqynda bald
dshara Wunde
dsharaqsyz verletzt
dsharatylysch Umwelt
dshardam helfen, Hilfe
dshardy arm
dsharty Hälfte
dsharym Hälfte
dsharyq hell, Licht
dshasch Alter (Lebens-); jung
dshascha- leben
dshaschyltscha Gemüse
dshat- liegen
dshaz Frühling
dshaz- schreiben
dshaza Strafe
dshazala- bestrafen
dshazaqana Unterkunft
dshe aber; oder
dshe- essen
dsheke privat
dshel Wind
dshemisch Frucht, Obst
dsheneke Tante
dshengil leicht (Gewicht)
dsher Platz; Erde; Gegend
dsher dshemisch Beere
dshetektschilik Führung
dshetischintsche genug
dshibek Seide
dshiber- schicken, senden
dshiberüü Richtung
dship Faden
dshoghorqu ober
dshoghot- verlieren (Dinge)
dshol Weg
dsholootschuluq Reise
dsholuq- treffen (begegnen)
dshönököj einfach
dshönöö Ausreise
dshoon dick
dshoon arqan Seil
dshoop Antwort
dshoop ber- antworten
dshoq nein
dshubajlar Ehepaar
dshügür- laufen, rennen
dshumurtqa Ei
dshup paar; Paar
dshuqa Woche; dünn
dshür- gehen
dshürüü baasy Fahrpreis
dshuu- waschen
dshuun- waschen, sich
dshuurqan Decke (Bett)
dshyghatsch Baum; Holz
dshyjna- sammeln
dshyl Jahr
dshyl- fahren
dshyl sajyn jährlich
dshyluu warm
dshyrghalduu glücklich
dshysch oft
dubal Wand
dükön Geschäft (Laden)
durus richtig
dyjqan Bauer

E

edshe Schwester
ee Besitzer
eger wenn (falls)
eksport Ausfuhr
el Volk
el aralyq international
ele nur
emde- impfen
emes nein, nicht
emne was; wie
emne ütschün warum
emtschek Brust (weibl.)

eng ele zu (+ Adjektiv), zuviel
E-potschta E-mail
er Ehemann
erkek Mann
erkek bala Junge, Knabe
erte früh
erteng morgen; Morgen
erteng menen Vormittag
erteng menenki tamaq Frühstück
erteng menenki tamaqtan- frühstücken
es Andenken
eschik Tür
esep Rechnung
esinde bol- erinnern, sich
eski alt (nicht neu)
este tut- merken, sich
estelik Denkmal
et Fleisch
etsch dsherde nirgendwo / -hin
etsch kim niemand
etsch nerse nichts
etsch qatschan nie, niemals
etschtemke nichts

F

fabrika Fabrik
familija Familienname; Vorname
film Film
folklor Folklore
fotoapparat Fotoapparat
fotografija Fotografie

G

gaz Gas
gazeta Zeitung
Germanija Deutschland
-gha, -ge, -gho, -gö nach (Richtung)
ghana nur
gigijena Hygiene
gramm Gramm
grammatika Grammatik
grashdandyq Staatsangehörigkeit
grashdanin Bürger (Staats-)
gripp Grippe
gül Blume

I

idisch Gefäß
idsharagha al- mieten
idsharagha qoj- vermieten
ijgilik Erfolg
ijne Nadel
imarat Gebäude
import Einfuhr
informatsija Information
ini Bruder (jüngerer)
insan Person
iri groß
iring Eiter
ischen- glauben
ischte- arbeiten
ischtep tap- verdienen
ischtschi Arbeiter(in)
iskusstwo Kunst
itsch- trinken
itschimdik Getränk
itschinde während
itschke dünn
izde- suchen

K

kanikul Ferien
karta Karte, Landkarte
kassa Kasse

Wörterliste Kirgisisch – Deutsch

keede manchmal
kel- kommen, ankommen
kelesoo dumm
kelisch- verabreden (sich)
kelischim Verabredung
keltir- bringen
kelüü Ankunft; Besuch
keme Schiff
kempir (w) Alte(r)
keng breit
kengesch Rat
kerbet Bett
kerek müssen, sollen
kerektüü notwendig
kesip Beruf
ket- gehen; abreisen
ketsch spät
ketschee gestern
ketschik- verspäten, sich
ketschirim sura- entschuldigen, sich
ketschki tamaq Abendessen
ketüü Ausreise
kez Zeit
kez- wandern
kez-kez manchmal
kijim Kleidung
kijin dann; nach; über; als (zeitl.)
kijinki dsholu nächstes Mal
kim wer
kimdin wessen
kimdir biröö jemand
kino Kino
kir schmutzig
kir- eintreten, einsteigen
kiresche Profit
kirüü Eingang
kischiler Leute
kitep Buch
kitschine klein
kitschüü klein
kodshojun Besitzer
kökürök Brust(korb)
köl See
kompjuter Computer
kondom Kondom
konsulduq qyzmat Konsulat
kontsert Konzert
könük- gewöhnen, sich (an)
konwert Briefumschlag
köp viel
köpürö Brücke
kör- sehen
körgöz- zeigen
körgözmö Ausstellung
körköm önör bujumdar kunstgewerbl. Waren
körsöt- zeigen
kosch bojluu schwanger
kötör- heben; tragen
kötschö Straße
köz ajnek Brille
kübölük Ausweis
küj- brennen
kül- lachen (über etw.)
külümürö- lächeln
kümüsch Silber
kün Wetter; Sonne; Tag
kün murun vorher
kündö täglich
künöölüü schuldig
künöösüz unschuldig
kunttuu fleißig
küt- warten
kütschtüü stark
küz Herbst
kwartira Wohnung

L

lampa Lampe
landschaft Landschaft

M

maalymat Information, Auskunft

maalymat al- informieren, sich
maj Öl; Salbe; Butter
majdala- wechseln
majram Feier, Fest
majramdoo feiern
maqul einverstanden
marka Briefmarke
mas betrunken
maschina Auto, Wagen
maschyqtyr- üben
masele Frage
mejkindik Raum
mejman Gast
mejmandostuq Gastfreundschaft
mejmanqana Hotel
mekeme Behörde; Büro
mektep Schule
memire Enkel(in)
men ich
menen mit
menin mein/e
menju Speisekarte
mentschik Eigentum
mezgil Jahreszeit
minut(a) Minute
misal Beispiel
MKB Tankstelle
moda Mode
motor Motor
motorduu qajyq Motorboot
mototsikl Motorrad
mughalim Lehrer(in)
mümkün vielleicht
munara Turm
murdaghy künü vorgestern
murun vorher
mütschö Organ
muzdaq kalt
muzdatqytsch Kühlschrank
muzej Museum
muzyka Musik
myjzam Gesetz
myltyq at- schießen
myna da
mynda hier
myndaj so
myqty stark; ausgezeichnet; besser
myrza Herr

N

nalog Gebühr
nan Brot
naqta (aqtscha) Bargeld
narq Preis
natschar schlecht
nege deseng weil
nemets deutsch, Deutsche(r)
nemnedir etwas
nerse Ding, Sache
nomer Nummer
normalduu normal
nymduu feucht, nass

O

obed Mittagessen
ojghon- aufwachen
ojghot- wecken
ojlo- denken
ojno- spielen
ojuntschuq Spielzeug
öl- sterben
ölkö Land
öltür- töten
ömür Leben
ongdo- reparieren
onggho rechts
ongoj einfach
önör dshaj Industrie
ooba ja
oor schwer (nicht leicht)
ooru krank, Krankheit; Schmerz
ooru- schmerzen
ooru kischi Patient
ooruluu krank
ooruqana Krankenhaus
öp- küssen
oqu- lernen

oqu- lesen
oquja Ereignis
oqut- unterrichten (lehren)
oquutschu Schüler(in)
oroo Binde
öröön Tal
ört Brand
ortomtschuluq Vermittlung
orun Stelle, Ort
oscho(l) jener
oschon ütschün deshalb
oschonduqtan deshalb
ösümdük Pflanze
ot Feuer; Gras
otkrytka Postkarte
otpusk Urlaub
otur- einsteigen
otur- sitzen; setzen, sich
öz selbst
özün sez- fühlen, sich

P

pajdaluu nützlich
palatka Zelt
park Park
parom Fähre
pasport Pass
perewod qyluu Überweisung
perron Bahnsteig
petschenje Gebäck
piwo Bier
plan Plan
plastinka Schallplatte
platforma Bahnsteig
platskarta Platzkarte
pljash Strand
pojezd Zug
pojezd tartibi Fahrplan
politsija Polizei
port Hafen
posolstwo Botschaft (dipl.)
posylka Paket
potschta Post(amt)
problema Problem
programma Programm
-py, -pi, -pu, -pü ob

Q

-qa, -ke, -qo, -kö nach (Richtung)
qaala- wollen
qabar Nachricht
qabar ber- benachrichtigen
qabat Etage
qabyl al- empfangen
qaghaz Papier
qaighyluu traurig
qajda wo, wohin
qajdan woher
qajra wieder, noch einmal
qajra sapar Rückfahrt
qajsy welcher
qajta wieder
qajtala- wiederholen
qajtschy Schere
qajyq Boot
qal- bleiben
qalam Bleistift
qalghan übrig
qalp ajt- lügen
qalq Volk
qaltyratma Fieber
qalyng dick
qamsyzdandyruu Versicherung
qandaj wie
qantscha wie viel
qapysynan plötzlich
qaq trocken
qara- besichtigen
qaraghanda als (Vergleich)
qarangghy dunkel
qarma- halten
qarschy gegen; wegen
qarschy dshaqta gegenüber

qary alt (nicht jung)
qaryndasch Schwester
qaryz al- leihen, sich (von)
qaryz(gha) ber- verleihen (an)
qaschyq Löffel
qat Brief
qata Fehler
qatschan wann
qatta- registrieren
qatuu hart; laut
qatyn Frau
qatysch- teilnehmen
qodshojun Gastgeber
qoj- stellen; legen
qol Hand
qol qoj- unterschreiben
qol tschatyr Regenschirm
qonoq Gast
qoom Gesellschaft
qooz schön
qoozdoo Schmuck
qordo- beleidigen
qorqunutschtuu gefährlich
qorquu Angst
qosch ajtysch- verabschieden, sich
qosch! tschüss
qoscho zusammen
qotor- übersetzen (Sprache)
qotormotschu Übersetzer
quban- freuen, sich
qubanytsch menen gern
qudaj Gott
qulaq Ohr
qulaq türgön neugierig
qum Sand
qur- bauen
qural Waffe
qurghaq trocken
qursant lustig, zufrieden
qurt-qumursqa Insekt
qurtsch scharf
qusch Vogel
quttuqta- gratulieren
qyjyn schwierig (nicht einfach)
qyl- machen, tun
qylmysch Verbrechen
qyrsyqtuu oquja Unfall
qysch Winter
qyschtaq Dorf
qysqa kurz
qysqa kötschö Gasse
qytschqyl sauer
qyz Mädchen; Tochter
qyzmattschy Angestellte(r)
qyzyq interessant
qyzyq- interessieren, sich (für)

R

rachmat danke
radio Radiogerät
restoran Gaststätte, Restaurant
rjukzak Rucksack

S

saat Uhr
sabaq Stunde
sajaqatta- reisen
sajasat Politik
sajyn jeder
sal- legen
salam ajt- begrüßen
salam ber- grüßen; begrüßen
salamdasch- grüßen, sich
salmaq Gewicht
salqyn kühl
salt Tradition
samoljot Flugzeug
samyn Seife
san Menge, Quantität
sana- rechnen

sapat Qualität
saq gesund
saraj Palast, Burg, Schloss (Gebäude)
sat- verkaufen
satyp al- kaufen
schaar Stadt
schajyr lustig, fröhlich
schamal Wind
schasch- beeilen, sich
schaschylysch dringend
schat lustig
schejschep Laken
schejschepter Bettzeug
schirengke Streichhölzer
schirin süß
schofjor Chauffeur
schorpo Suppe
schprits Spritze
Schwejtsarija Schweiz
schwejtsarijalyq Schweizer(in)
schypyryndy Müll
sebebi weil
sejilde- spazierengehen
sejrek selten
sekund(a) Sekunde
selo Dorf
semiz fett
sen du
seniki dein/e
sepil Burg; Schloss (Gebäude)
sezim Gefühl
sezon Jahreszeit
shurnalist Journalist
sigaret Zigarette
silerdin euer/e
siz Sie (Ez)
sizder Sie (Mz)
sizdin Ihr/e
solgho links
som Som (Währung)
song Ende; dann
sonun interessant
sonun dsherler Sehenswürdigkeiten
soo gesund
sooda Handel
soodalasch- feilschen
söröj wie
söz Wort
sözdük Wörterbuch
sport Sport
stakan Glas (Trink-)
stil Stil (Architekt.)
student Student
süj- lieben
süjlö- sprechen
süjlöm Satz (Grammatik)
süjlöö Aussprache
süjlöp ber- erzählen
süjlösch- reden
süjlöschüü Unterhaltung
sulghu Handtuch
suluu schön
summa Summe
sun- vorschlagen
sunusch Trinkgeld
sunusch qyl- empfehlen
sura- bitten; fragen
suroo Frage; Bitte
süröt Bild
süröt tart- malen; fotografieren
suu Fluss; Wasser
suuluu nass
suuq tij- erkältet sein
suusa- Durst haben
süz- schwimmen
süzüü kijimi Badeanzug
synghan kaputt
sypaa höflich
-syz, -siz, -suz, -süz ohne

T

-ta, -te, -to, -tö in (örtlich und zeitlich)
taanysch-

bekanntmachen, sich
taanyschtyr- vorstellen, sich
taanyt- vorstellen (Imagination)
tabighyj natürlich (nicht künstl.)
tabijat Natur
tabletka Tablette
tabyp Arzt
taksi Taxi
talaa Feld
talant Talent
tamaq-asch Speise
tamaqtan- essen
tameki Tabak
tameki tart- rauchen
tamgha Buchstabe
tanapis Pause
tap- finden
taq genau; pünktlich
tar eng
tarap Seite (Richtung)
tarych Geschichte (Historie)
tasch Stein
tat- kosten (probieren)
tataal kompliziert
tattuu süß
tatymal Gewürz
taza sauber
tazart- sauber machen
teatr Theater
tekscher- kontrollieren
telefon Telefon
telefon tschal- telefonieren
telegramma Telegramm
telewizor Fernsehgerät
temir dshol Eisenbahn
tenti- wandern
tepkitsch Treppe
terde- schwitzen
tereng tief
tereze Fenster
teschik Loch
tez schnell
tez dshardam Rettungswagen
tez-tez oft
tigi(l) jener
tijisch man muss, man soll
tijisch- flirten
til Sprache
tile- wünschen
tilmetsch Dolmetscher
tisch doqturu Zahnarzt
tisch pastasy Zahnpasta
toj Hochzeit
tölö- zahlen, bezahlen
toluq voll
tömöndöö Ermäßigung
too Berg
toolor Gebirge
top Gruppe
toq satt
toqoj Wald
toqtot- anhalten; aufhören
towar Ware
tramwaj Straßenbahn
transport Fahrzeug
tschaghylghanduu dshaan Gewitter
tschal Alte(r)
tschamalap etwa
tschaptama bint Heftpflaster
tschaqyr- einladen; rufen, schreien
tschaqyruu Einladung
tschartschaghan müde
tschatyr Zelt
tschatyr orunu Zeltplatz
tschejin bis; als (zeitl.)
tschejn bevor
tschek Scheck
tschek ara Grenze
tschemodan Koffer
tschet eldik fremd
tschet ölkö Ausland
tschet ölkölük Ausländer, ausländisch
tschetsch- entscheiden

tschetschin- ausziehen
tschijki roh
tschirik faul (Obst)
tschirköö Kirche
tschoghult sparen
tschoguu zusammen
tschömül- baden
tschong groß
tschong ata Großvater
tschong ene Großmutter
tschongduq Größe (Kleidung u.ä.)
tschöp Gras
tschurqa- laufen, rennen
tschyghysch Ausgang; Osten
tschyk- aussteigen
tschylq nur
tschynyghy wahr
tschytschqaq Durchfall
tün Nacht
tündük Norden
tur- aufstehen; stehen; wohnen; kosten (Preis)
turghan dsher Lage (geogr.)
turisttik agentstwo Reisebüro
türmö Gefängnis
turmusch Leben
turuu Aufenthalt
turuutschu Einwohner
tüsch- einsteigen
tüsch maaly Mittag
tüschkü kijinki mezgil Nachmittag
tüschtük Süden
tüschün- verstehen
tüschündür- erklären
tüshkü tamaq Mittagessen
tüstüü film Farbfilm
tuulghan kün Geburtstag
tuura genau; richtig
tuura kel- sitzen, passen (Kleidung)
tuz Salz
tüz geradeaus
tyjaqta dort
tyjuu salynghan verboten (sein)
tyn- erholen, sich
tyntschtyq Ruhe, Frieden
tynyghuu Pause
tyrysch- versuchen

U

ubada ber- versprechen
ubaq Zeit
ubaqyt Zeit
üj Haus
üj qodshojkesi Hausfrau
üj-bülö Familie
üjdün üstü Dach
ujuschtur- organisieren
ulan- dauern
ulut Nationalität
uluu groß
ümüt qyl- hoffen
ün Stimme
uniwersitet Universität
unut- vergessen
uq- hören
uqta- schlafen
uqtootschu bölmö Schlafzimmer
uqtootschu qap Schlafsack
uquq Recht
ur- schlagen
uruqsat Erlaubnis
uruqsat ber- erlauben
uschu(l) diese(-r, -s)
üschü- frieren
uschundaj so; solch(-e, -er, -es)
üst Oberteil
üstündö oben; über (örtl.); auf
üstünö auf
utsch- fliegen

ütschün für; um zu ...
utschup ket- abfliegen
utschurunda während
uu Gift
uul Sohn
uuluu dshylan Giftschlange
uuruluq Diebstahl
uzaq lang(e) (Zeit)
uzat- begleiten
uzun lang (Entfernung)

W

wagon Waggon
waljuta Devisen, Valuta
wanna bölmösü Badezimmer
wata Watte
welosiped Fahrrad
wilka Gabel
wokzal Bahnhof

X-Y

yjla- weinen
yldam schnell
ynaq herzlich
yr Lied
yraazy zufrieden
yraqat kör- vergnügen, sich
yraqmat danke
yraqmat ajt- danken
yras richtig
yrda- singen
ysm Name
ysym Name
ysyq heiß

Z

zajyp Ehefrau
zakaz Bestellung
zakaz qyl- bestellen
zakonduu gültig
zaman Zeit
zapastyq bölük Ersatzteil
zaryl notwendig
zaryl bol- brauchen
zat Stoff
zeriktirme langweilig
zoo Felsen
zor groß
zor maanilüü wichtig

Der Autor

Michael Korotkow, Jahrgang 1948, Diplom-Physikingenieur, lebt und arbeitet zurzeit in Sibirien (Russland). Dieser Wohnsitz und seine Hobbys Reisen, Nationalkulturen, Sprachen und Journalismus erklären sein Interesse an der kirgisischen Sprache und Kultur.

Als Globetrotter hat er viele Länder besucht und einige Sprachen erlernt, als Freizeitjournalist Bücher und viele Artikel in verschiedenen Ländern veröffentlicht.

Im Reise Know-How Verlag sind von ihm die Bände „Usbekisch", „Tatarisch" und „Tadschikisch" in der Kauderwelsch-Reihe erschienen.